뚝딱뚝딱 배우는 버전2
컴퓨터 왕기초

시대인

이 책의 구성

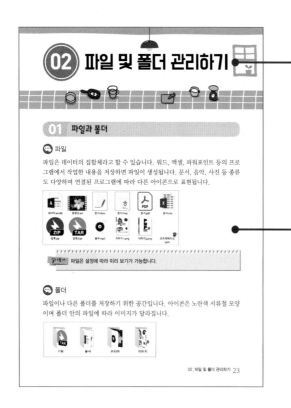

주요 기능을 선정한 주제입니다. 쉽고 빠르게 익힐 수 있도록 구성하였습니다.

필수 내용 : 용어나 기능에 대한 기초적인 내용을 중심으로 쉽게 구성하였습니다.

큰 글씨와 큰 그림 : 초보자들을 위해 눈이 '탁' 트이는 큰 글씨와 큰 그림으로 구성하였습니다.

핵심어 강조 : 핵심어를 강조 표시해 놓았기 때문에 예제에서 따라할 내용을 빠르게 파악할 수 있습니다.

뚝·딱·뚝·딱 배우는
초보탈출비법

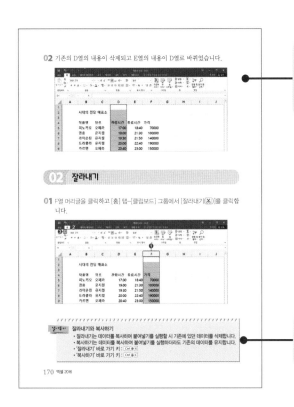

따라하기 : 단순히 이론만으로 설명하지 않고 따라하기 방식을 조합하여 쉽게 배울 수 있습니다.

알아두기 : 본문에서 다루지 못한 내용을 추가적으로 설명하였습니다.

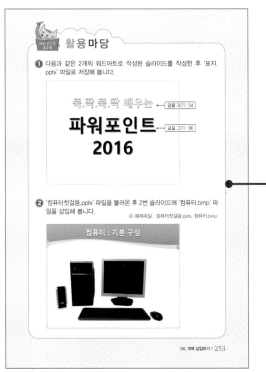

활용 마당 : 앞에서 배운 내용을 복습할 수 있도록 응용 문제를 제공합니다.

이 책의 구성 **3**

목차

Part 04
엑셀 2016

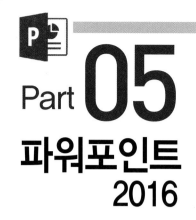

Part 05
파워포인트 2016

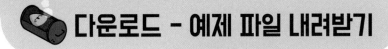

다운로드 – 예제 파일 내려받기

① 인터넷을 실행한 후 시대인 홈페이지(www.edusd.co.kr)에 접속하고 로그인합니다. 홈페이지 상단 메뉴의 [프로그램]을 선택합니다.

② 프로그램 자료실 화면이 나타나면 책 제목을 검색합니다. 검색된 결과 목록에서 해당 도서의 자료를 찾아 제목을 클릭합니다.

③ 관련 페이지가 열리면 첨부된 파일을 다운로드 합니다.

④ 컴퓨터 내의 압축 해제 프로그램을 활용하여 압축을 해제합니다.

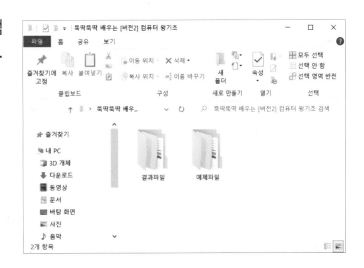

윈도우
(Windows 10)

01 컴퓨터 시작하기

01 컴퓨터 기본 구성 장치 살펴보기

컴퓨터는 하나의 업무를 처리하기 위해 입력 · 제어 · 기억 · 연산 · 출력 등의 다섯 가지 장치가 서로 밀접하게 연관되어 종합적인 기능을 수행하는 장치를 의미합니다.

❶ **본체** : 인간의 머리와 같은 역할을 하는 장치로 컴퓨터의 모든 동작을 실행하고 관리합니다.

❷ **모니터** : 본체에서 동작한 실행 결과를 화면으로 보여 줍니다.

❸ **키보드** : 키보드의 특정 키를 눌러 컴퓨터가 동작하도록 지시하거나 글자를 입력하여 문서를 작성합니다.

❹ **마우스** : 프로그램을 실행하거나 종료, 이동 등과 같은 작업을 합니다.

❺ **스피커** : 컴퓨터에서 표시하는 각종 신호음을 알려 주거나 음악 등의 소리를 들을 수 있습니다.

02 마우스 살펴보기

💬 마우스 기본 구조

컴퓨터 입력장치의 일종인 마우스는 커서를 움직이고 명령을 실행하는 기능을
갖추고 있습니다.

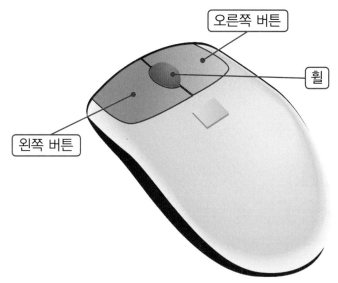

❶ **왼쪽 버튼** : 집게손가락을 이용해 왼쪽 버튼을 한 번 누르거나 두 번 빠르게
눌러 사용합니다. 또는 왼쪽 버튼을 누른 상태에서 마우스를 끌어(드래그) 사
용하기도 합니다.

❷ **오른쪽 버튼** : 가운뎃손가락을 이용해 오른쪽 버튼을 한 번 눌러 사용합니다.

❸ **휠** : 왼쪽 버튼과 오른쪽 버튼 사이에 있는 둥근 모양의 바퀴를 집게손가락
을 이용해 위쪽 방향이나 아래쪽 방향으로 돌려 사용합니다.

알아두기 마우스 포인터

일반 선택	⬚	도움말 선택	⬚
백그라운드 작업	⬚	사용 중	⬚
정밀도 선택	＋	텍스트 선택	I
사용할 수 없음	⊘	연결 선택	⬚

😊 마우스 사용법

마우스의 동작은 클릭, 더블 클릭, 드래그, 오른쪽 버튼 클릭으로 나뉘며 동작에 따라 실행 기능이 다릅니다.

■ 클릭(Click)

- 마우스 왼쪽 버튼을 한 번 누르는 동작
- 아이콘이나 메뉴를 선택할 때 사용

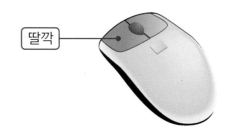

■ 더블 클릭(Double Click)

- 마우스 왼쪽 버튼을 빠르게 두 번 누르는 동작
- 아이콘이나 폴더 등을 열어 실행할 때 사용

■ 드래그(Drag)

- 마우스 왼쪽 버튼을 누른 채 움직이는 동작
- 이동을 하거나 크기를 변경할 때 사용

■ 오른쪽 버튼 클릭

- 마우스 오른쪽 버튼을 한 번 누르는 동작
- 바로 가기 메뉴를 사용할 때 사용

03 키보드 살펴보기

컴퓨터의 입력장치 중 하나인 키보드는 워드프로세서 등에서 숫자 및 문자를 입력할 때 많이 쓰이며 유용한 단축키와 특수 명령 기능을 제공합니다.

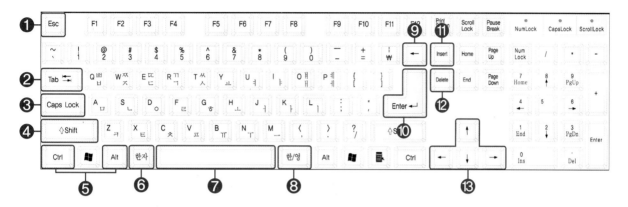

❶ Esc : 이에스씨 키는 명령을 취소할 때 사용합니다.

❷ Tab : 탭 키는 일정한 간격으로 이동하거나 다른 메뉴로 이동할 때 사용합니다.

❸ Caps Lock : 캡스락 키는 영문 대문자와 소문자를 입력할 때 사용합니다.

❹ Shift : 시프트 키는 영문 대문자나 키보드의 윗글쇠를 입력할 때 사용합니다.

❺ Ctrl / Alt : 컨트롤/알트 키는 다른 키와 함께 눌러 메뉴를 실행할 때 사용합니다.

❻ 한자 : 한자 키는 입력한 한글을 한자로 변환할 때 사용합니다.

❼ Space Bar : 스페이스바 키는 빈칸을 입력할 때 사용합니다.

❽ 한/영 : 한/영 키는 한글과 영문을 전환할 때 사용합니다.

❾ ← : 백 스페이스 키는 커서 앞에 있는 글자를 지울 때 사용합니다.

❿ Enter : 엔터 키는 명령을 실행하거나 다음 줄로 이동할 때 사용합니다.

⓫ Insert : 인서트 키는 입력 상태를 '삽입' 또는 '수정' 상태로 변경할 때 사용합니다.

⓬ Delete : 딜리트 키는 커서 뒤에 있는 글자를 지울 때 사용합니다.

⓭ ← / → / ↑ / ↓ : 키보드의 방향키는 커서를 이동시킬 때 사용합니다.

알아두기 숫자 키패드

일반적으로 키보드의 오른쪽에 위치한 것으로 숫자와 연산자가 표시되어 있습니다.

04 컴퓨터 켜기

01 본체와 모니터의 전원 버튼을 각각 누릅니다.

알아두기 모니터와 본체의 전원 버튼 위치는 기종에 따라 다를 수 있습니다.

02 잠금 화면이 나타나면 마우스를 클릭합니다.

알아두기 사용자 컴퓨터의 설정에 따라 바로 바탕 화면이 나오기도 하고 로그인 화면이 나오기도 합니다.

05 바탕 화면 구성 살펴보기

> **교재와 내 윈도우 10이 달라요!**
> 윈도우 10은 수시로 업데이트가 진행되고 있으며 업데이트에 따라 디자인이 변경되거나 기능이 추가/삭제될 수도 있습니다.

❶ **아이콘** : 직관적으로 프로그램을 표시해 주는 그림이나 기호입니다.

❷ **바탕 화면** : 로그인을 하면 가장 먼저 보이는 화면입니다.

❸ **작업 표시줄** : [시작] 버튼 및 알림 영역 등으로 구성된 막대입니다. 현재 실행 중인 앱(프로그램)이 표시됩니다.

  ⓐ **[시작] 버튼** : 시작 메뉴, 모든 앱, 시작 화면으로 구성되어 있습니다.

  ⓑ **검색 상자** : 검색한 키워드에 맞는 자료를 컴퓨터와 웹에서 찾아 보여줍니다.

  ⓒ **빠른 실행 도구** : 빠르게 실행하기 위해 작업 표시줄에 고정된 앱(프로그램)입니다. 사용자가 추가, 삭제할 수 있습니다.

  ⓓ **입력 도구/알림 영역** : 한글과 영문 전환 및 시간, 인터넷 연결 등 각종 외부기기의 연결 상태도 알 수 있습니다.

  ⓔ **바탕 화면 보기** : 모든 창을 최소화하고 바탕 화면을 표시합니다.

알아두기
- 왼쪽 아래에 화살표가 있는 아이콘은 바로 가기 아이콘입니다. 프로그램을 더 빠르게 실행할 수 있습니다. 바로 가기 아이콘을 삭제해도 프로그램은 지워지지 않습니다.
- 바탕 화면에 놓인 아이콘의 종류나 개수는 사용자의 컴퓨터마다 다를 수 있습니다.

❶ **시작 메뉴** : 로그인한 사용자의 계정 및, 문서 사진, 설정, 전원 아이콘이 표시됩니다.

❷ **모든 앱** : 컴퓨터에 설치된 모든 앱(프로그램) 목록이 표시됩니다. 영문 및 한글의 내림차순으로 정렬되어 있습니다.

❸ **시작 화면** : 사용자가 가장자리를 드래그하여 너비와 높이를 조정할 수 있으며 타일(시작 화면을 구성하는 사각형 모양의 표시 앱)의 구성도 추가하거나 삭제, 이동 및 크기를 조절할 수 있습니다.

알아두기 **검색 상자에서 검색하기**
[시작] 버튼을 클릭하거나 검색 상자를 클릭한 후 사용하고자 하는 앱, 문서 등을 검색하여 실행할 수 있습니다.

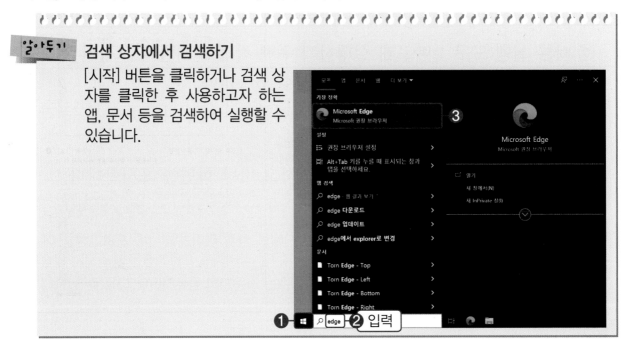

07 바탕 화면 아이콘 크기 조절하기

01 바탕 화면의 빈 공간을 마우스 오른쪽 버튼으로 클릭합니다. 바로 가기 메뉴가 나타나면 [보기]-[큰 아이콘]을 선택합니다.

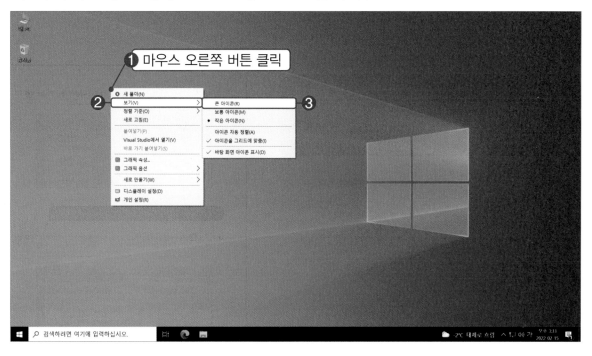

02 바탕 화면의 아이콘이 크게 보이는 것을 확인할 수 있습니다. 다시 바탕 화면의 빈 공간을 마우스 오른쪽 버튼으로 클릭한 후 [보기]-[보통 아이콘]을 선택합니다.

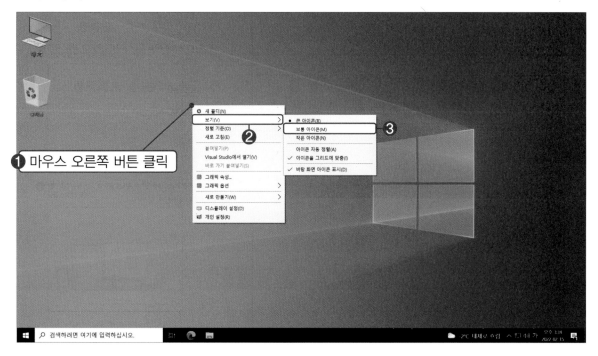

08 시작 화면 크기 조절하기

01 [시작(⊞)] 버튼을 클릭한 후 시작 화면의 오른쪽 가장자리를 드래그합니다.

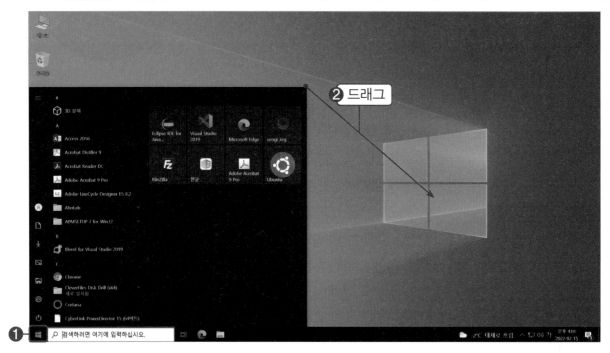

02 시작 화면의 너비가 조절된 것을 확인할 수 있습니다. 다시 시작 화면의 가장자리를 드래그하여 원래의 시작 화면의 크기로 되돌립니다.

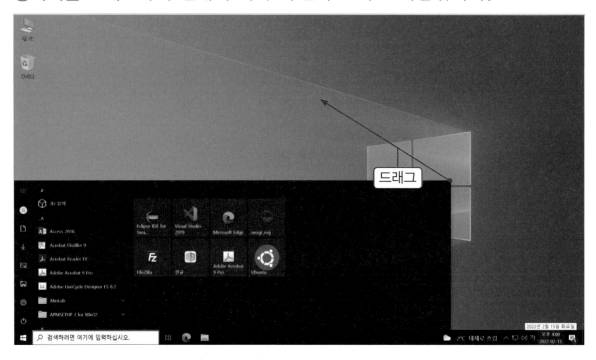

01 [시작(■)] 버튼을 클릭합니다.

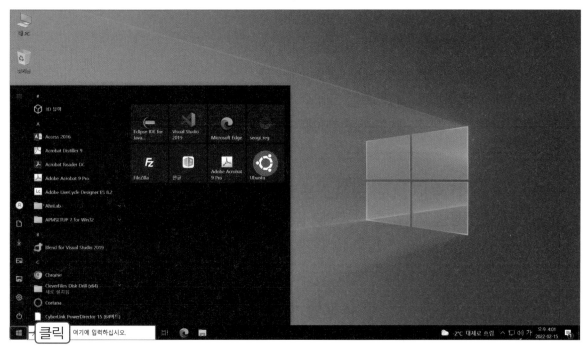

02 [전원(⏻)] 버튼을 클릭한 후 [시스템 종료]를 선택합니다.

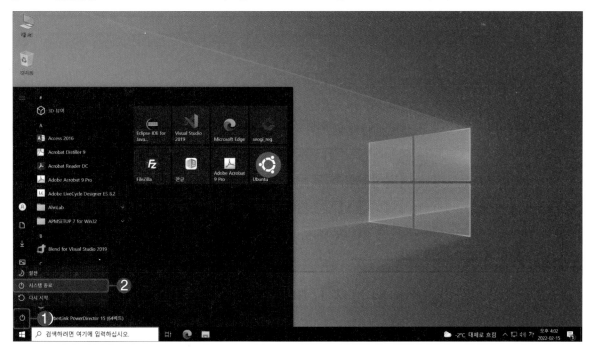

알아두기 컴퓨터를 비정상적으로 종료하면 시스템 파일을 손상시켜 오류가 발생할 수 있습니다.

활용마당

1 컴퓨터를 구성하는 하드웨어(장치) 종류 중 3가지를 적어 봅니다.

2 마우스 조작법에 대한 설명으로 맞는 것끼리 연결해 봅니다.

클릭 ●   ● 아이콘이나 메뉴를 선택할 때 사용

더블 클릭 ●   ● 아이콘이나 폴더 등을 열어 실행할 때 사용

드래그 ●   ● 이동을 하거나 크기를 변경할 때 사용

오른쪽 버튼 클릭 ●   ● 바로 가기 메뉴를 사용할 때 사용

3 바탕 화면의 구성 요소 이름을 적어 봅니다.

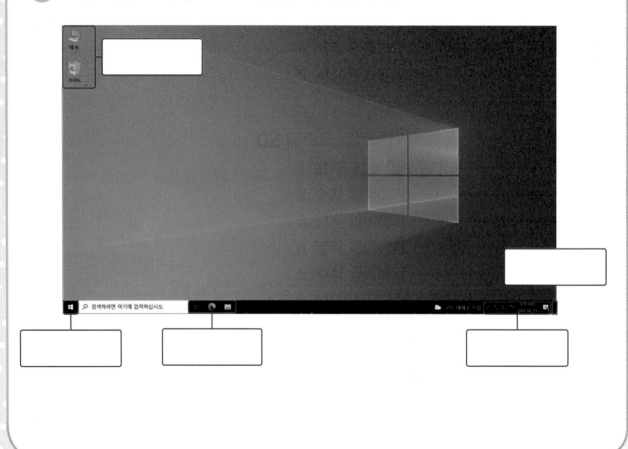

 # 02 파일 및 폴더 관리하기

01 파일과 폴더

💬 파일

파일은 데이터의 집합체라고 할 수 있습니다. 워드, 엑셀, 파워포인트 등의 프로그램에서 작업한 내용을 저장하면 파일이 생성됩니다. 문서, 음악, 사진 등 종류도 다양하며 연결된 프로그램에 따라 다른 아이콘으로 표현됩니다.

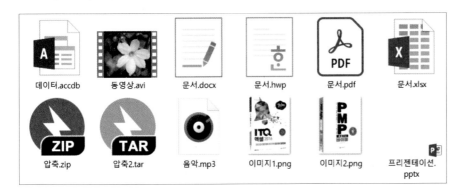

알아두기 파일은 설정에 따라 미리 보기가 가능합니다.

💬 폴더

파일이나 다른 폴더를 저장하기 위한 공간입니다. 아이콘은 노란색 서류철 모양이며 폴더 안의 파일에 따라 이미지가 달라집니다.

01 [시작(█)]-[Windows 시스템]-[파일 탐색기]를 선택합니다.

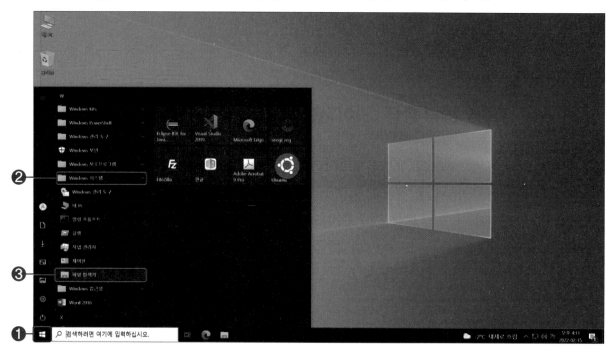

02 [파일 탐색기] 창이 나타나면 왼쪽 탐색 창에서 [내 PC]의 [바탕 화면]을 클릭하고 [홈] 탭-[새로 만들기] 그룹에서 [새 폴더]를 클릭합니다.

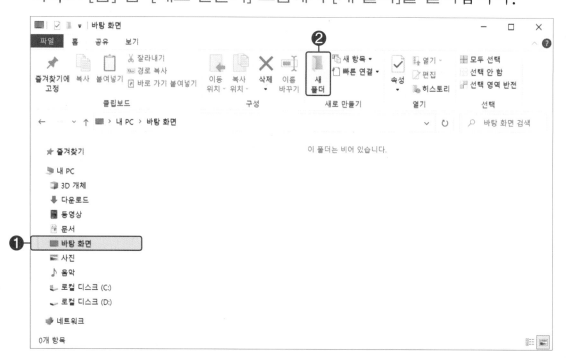

> **알아두기** 빈 공간을 마우스 오른쪽 버튼으로 클릭해 [새로 만들기]-[폴더]를 선택해도 됩니다.

03 새 폴더가 만들어지면 이름을 입력할 수 있는 상태가 됩니다.

04 키보드로 '내 자료'라고 입력한 후 Enter 키를 누릅니다.

05 생성된 [내 자료] 폴더를 더블 클릭합니다.

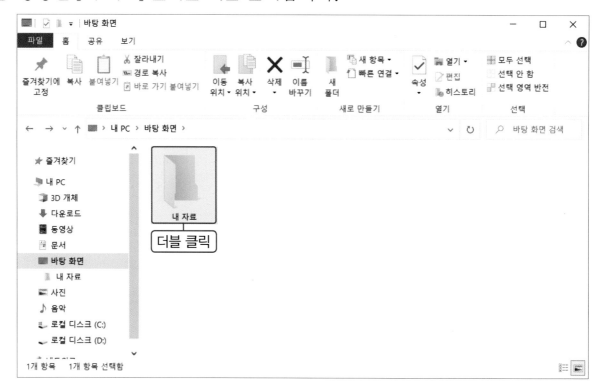

06 폴더 안의 내용을 확인할 수 있습니다. 현재는 비어 있는 상태로 폴더 안에 폴더나 파일 등을 보관할 수 있습니다.

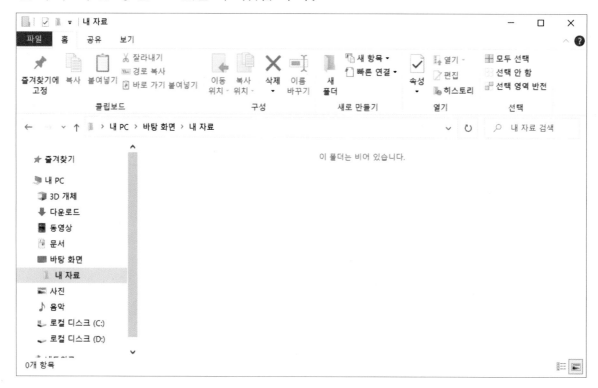

07 [홈] 탭-[새로 만들기] 그룹에서 [새 항목]을 클릭한 후 [텍스트 문서]를 선택합니다.

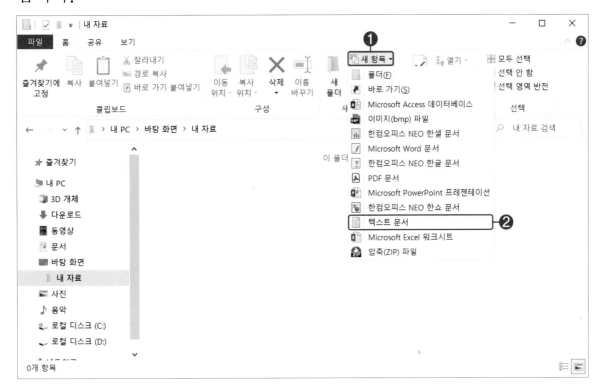

08 새 텍스트 문서 파일이 만들어지고 이름을 입력할 수 있는 상태가 됩니다. 키보드로 '연습'이라고 입력한 후 [Enter] 키를 누릅니다.

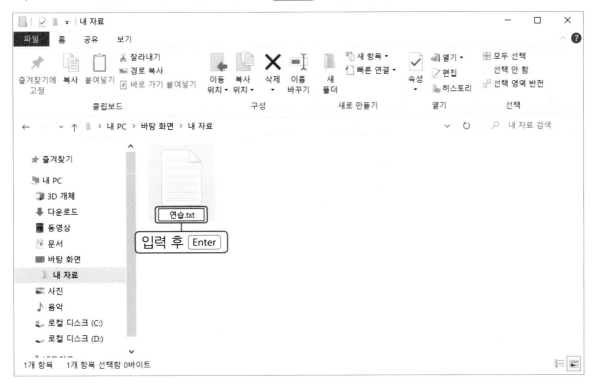

09 같은 방법으로 다음과 같이 임의의 폴더와 파일을 만듭니다.

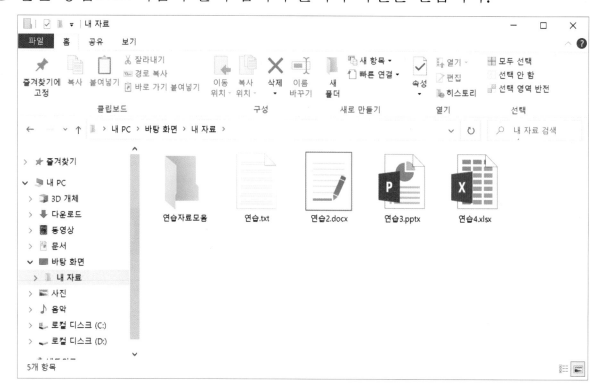

파일 확장자명 보기/숨기기

폴더에서 [보기] 탭-[표시/숨기기] 그룹에서 [파일 확장명]을 체크하면 파일 이름 다음에 '.확장자명'이 나타납니다. [파일 확장명]의 체크를 해제하면 확장자명이 보이지 않습니다. 이 설정은 모든 파일에 동일하게 설정되며 마이크로소프트 사의 워드, 엑셀, 파워포인트에도 똑같이 적용됩니다.

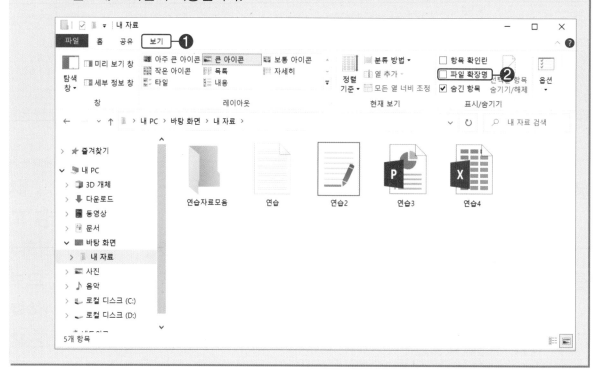

03 파일 및 폴더 이름 변경하기

01 파일이나 폴더를 클릭합니다. [홈] 탭–[구성] 그룹에서 [이름 바꾸기]를 클릭합니다.

02 이름을 변경할 수 있게 활성화됩니다. 원하는 이름을 입력합니다.

알아두기 **또 다른 파일 이름 변경 방법**
- 이름을 바꿀 파일이나 폴더를 클릭하고 F2 키를 누르면 이름을 바꿀 수 있게 활성화됩니다.
- 파일 또는 폴더를 마우스 오른쪽 버튼으로 클릭하고 바로 가기 메뉴에서 [이름 바꾸기]를 선택합니다.
- 파일 또는 폴더를 마우스로 클릭한 후 이름 부분을 한 번 더 클릭하면 변경할 수 있게 활성화됩니다. 빠르게 두 번 클릭하면 실행되므로 시간 간격을 두고 클릭합니다.

04 파일 및 폴더 선택하기

💬 떨어져 있는 파일 또는 폴더 선택

서로 떨어져 있는 파일 또는 폴더들을 Ctrl 키를 누른 상태에서 클릭하면 함께 선택할 수 있습니다.

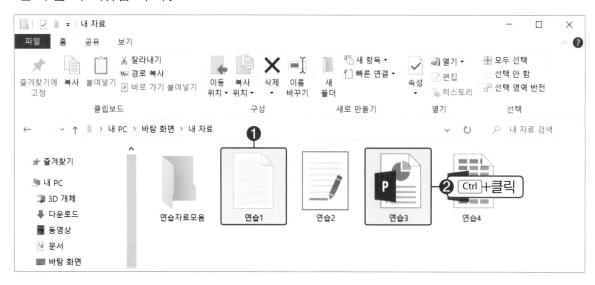

💬 연속되어 있는 파일 또는 폴더 선택

선택할 파일 또는 폴더의 시작과 끝에 있는 대상을 Shift 키를 누른 상태에서 클릭하면 그 사이의 파일 또는 폴더들을 함께 선택할 수 있습니다.

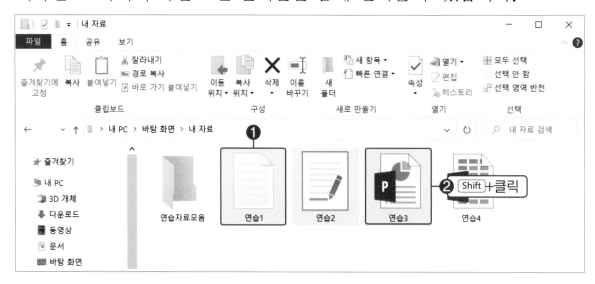

알아두기 선택 해제

선택하지 않은 파일이나 폴더를 클릭하거나 빈 공간을 클릭하면 선택이 해제됩니다. [홈] 탭-[선택] 그룹의 [선택 안 함]을 클릭해도 됩니다.

💬 모두 선택

[홈] 탭–[선택] 그룹에서 [모두 선택]을 클릭합니다([Ctrl] 키와 [A] 키를 동시에 눌러도 모든 파일과 폴더를 선택할 수 있습니다).

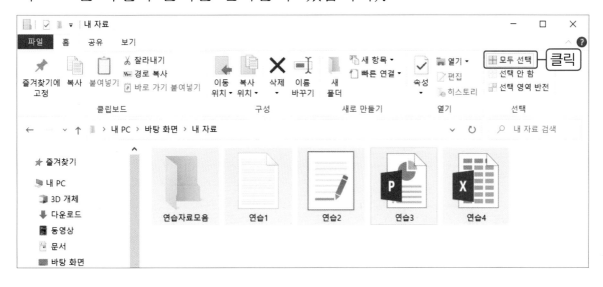

05 파일 및 폴더 이동하기

01 파일 또는 폴더를 선택하고 [홈] 탭–[구성] 그룹의 [이동 위치]를 클릭하여 원하는 위치를 선택하면 이동합니다. 원하는 위치가 없을 때는 [위치 선택]을 클릭합니다.

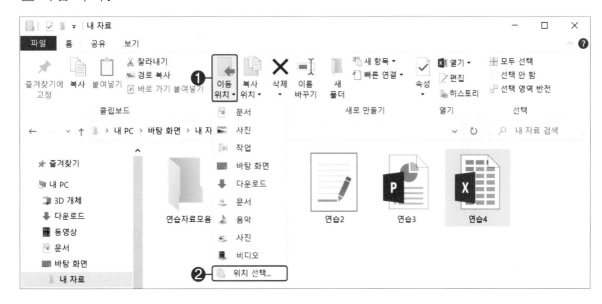

02 [항목 이동] 대화상자에서 경로를 직접 선택하고 [이동] 버튼을 클릭합니다.

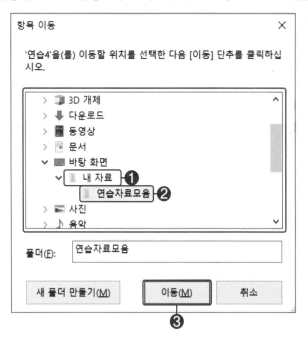

03 파일이 이동된 것을 확인할 수 있습니다.

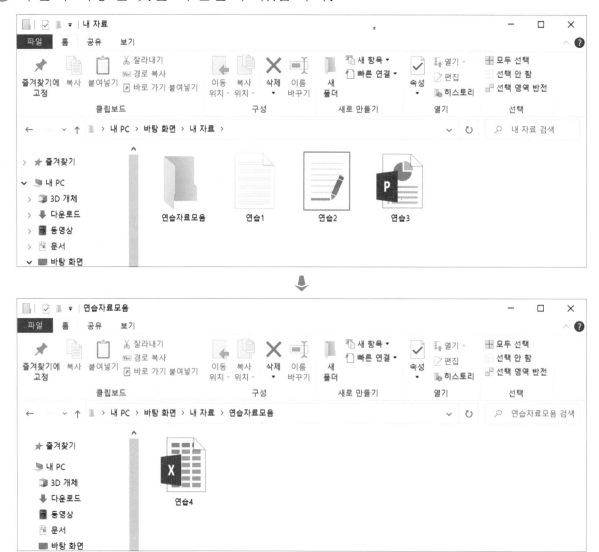

06 파일 및 폴더 삭제하기

01 삭제하고자 하는 파일이나 폴더를 선택하고 [홈] 탭-[구성] 그룹에서 [삭제(✖)]를 클릭합니다.

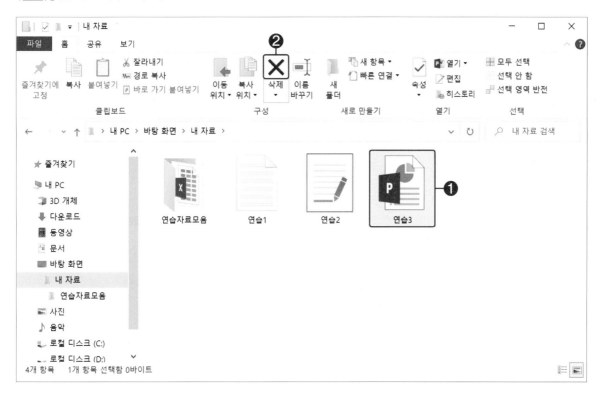

알아두기

- 파일 또는 폴더를 선택한 후 Delete 키를 눌러도 삭제됩니다.
- [홈] 탭-[구성] 그룹에서 [삭제(⋮)]를 클릭하고 [휴지통으로 삭제 전 확인]을 선택해 체크한 후 파일 또는 폴더를 삭제하는 경우 확인 메시지가 나타납니다.

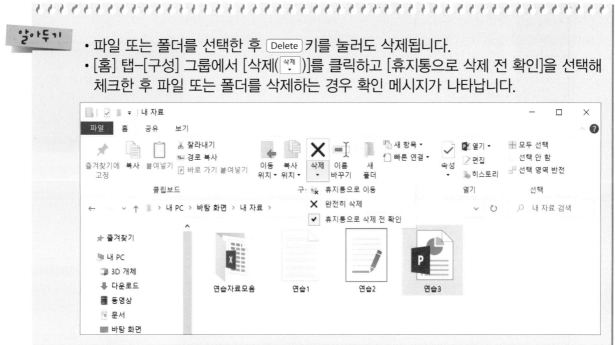

02 [파일 삭제] 대화상자가 나타나면 [예] 버튼을 클릭합니다.

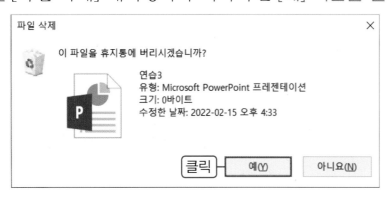

03 선택한 파일 또는 폴더가 원래 위치에서 사라진 것을 확인할 수 있습니다. 바탕 화면의 🗑(휴지통)을 더블 클릭합니다. 사리진 파일이 [휴지통] 창에 있는 것을 확인할 수 있습니다.

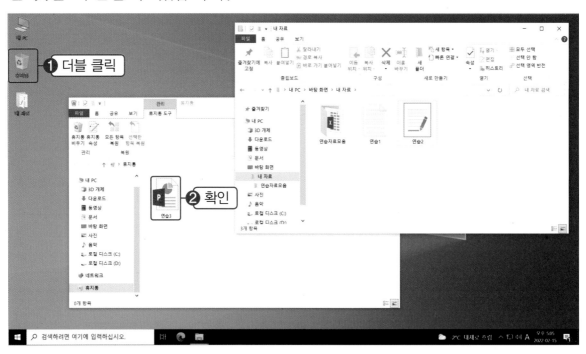

알아두기 파일을 삭제했는데 휴지통에 없을 경우

[휴지통]을 마우스 오른쪽 버튼으로 클릭한 후 [속성]을 선택해 휴지통을 확인합니다.

- 휴지통의 최대 크기가 '0'으로 설정되어 있는 경우에는 파일을 휴지통에 보관하지 않고 완전히 삭제합니다.
- 휴지통의 최대 크기보다 많은 용량의 파일이 삭제될 경우 가장 오래전에 삭제한 파일부터 완전히 삭제합니다.
- [파일을 휴지통에 버리지 않고 삭제할 때 바로 제거]를 설정하면 휴지통에 파일을 남기지 않고 완전히 삭제합니다.

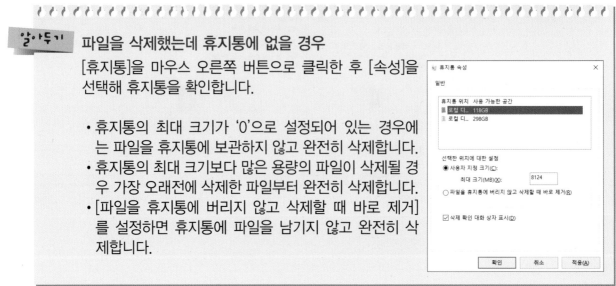

07 삭제한 파일 및 폴더 복원하기

01 [휴지통] 창에서 복원할 파일이나 폴더를 선택한 후 [관리]–[휴지통 도구] 탭–[복원] 그룹에서 [선택한 항목 복원]을 클릭합니다.

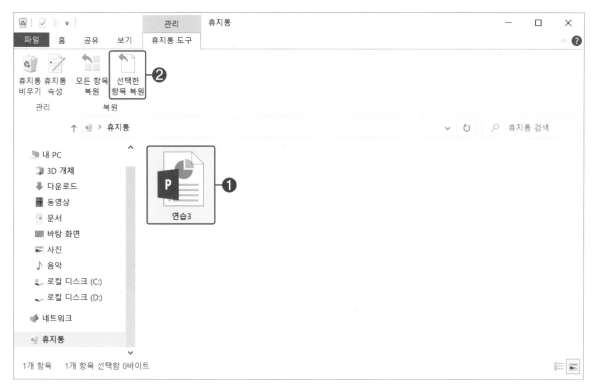

02 [휴지통] 창의 목록에서는 사리지고 삭제하기 전 위치에 복원된 것을 확인할 수 있습니다.

① 바탕 화면에 '연락처', '일정' 폴더를 만들어 봅니다.

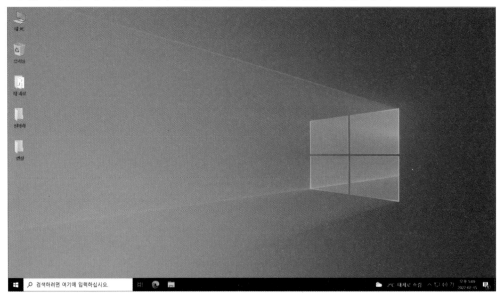

🌱 **새 폴더 만들기**

- 방법 1 : [파일 탐색기] 창의 탐색 창에서 [바탕 화면]을 선택한 후 [홈] 탭-[새로 만들기] 그룹-[새 폴더]를 클릭합니다.
- 방법 2 : 바탕 화면에서 마우스 오른쪽 버튼을 클릭한 후 바로 가기 메뉴에서 [새로 만들기]-[폴더]를 선택합니다.

② 바탕 화면에서 '연락처', '일정' 폴더를 '내 자료' 폴더로 이동해 봅니다.

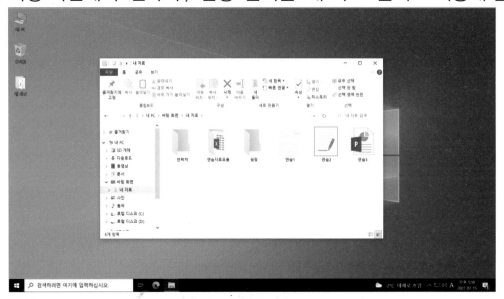

03 창 다루기

01 창 구성 살펴보기

창은 어떤 프로그램을 실행했느냐에 따라 조금씩 다른 모습을 보여 줍니다. 여기서는 [파일 탐색기] 창의 모습으로 살펴보도록 하겠습니다.

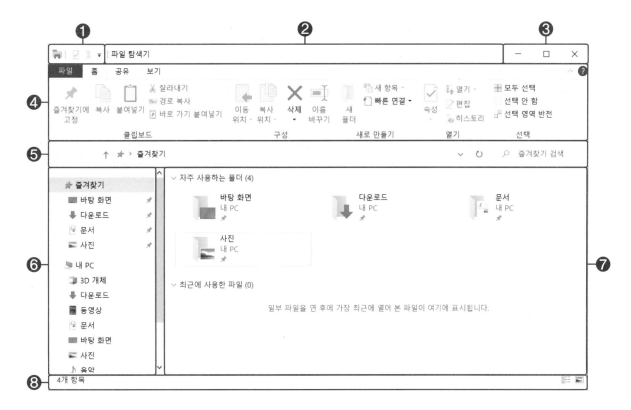

❶ 빠른 실행 도구 모음
❷ 제목 표시줄
❸ 창 크기 조절 버튼(최소화, 최대화, 닫기)
❹ 리본 메뉴
❺ 내비게이션 바와 검색 상자
❻ 탐색 창
❼ 내용 창
❽ 상태 표시줄

01 실행 중인 창의 제목 표시줄을 클릭한 채 원하는 위치로 드래그합니다.

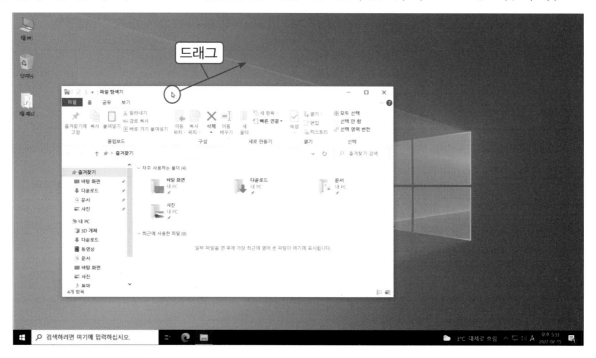

02 창의 위치가 이동된 것을 확인할 수 있습니다.

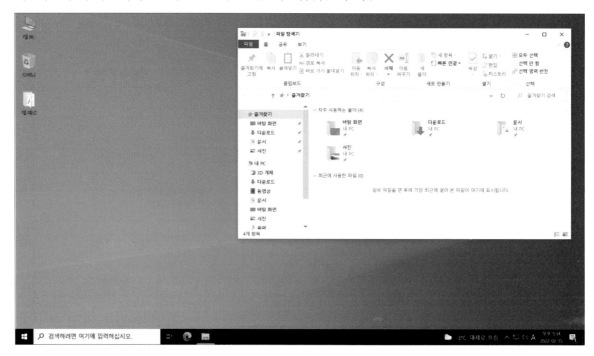

💬 최대화

창의 오른쪽 상단에 있는 [최대화(▫)] 버튼을 클릭합니다.

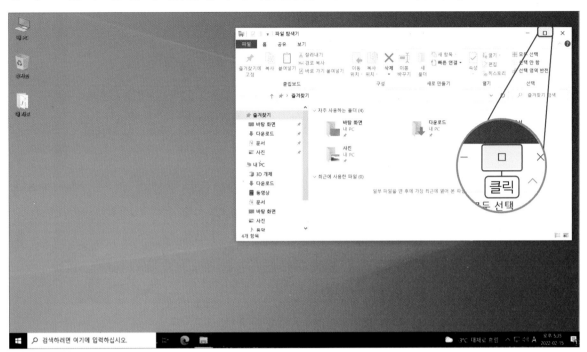

💬 이전 크기로 복원

창이 최대화된 상태에서 오른쪽 상단의 [이전 크기로 복원(▫)] 버튼을 클릭합니다.

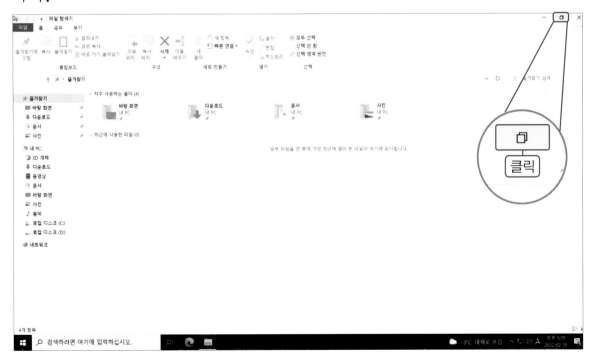

 최소화

창의 오른쪽 상단에 있는 [최소화(-)] 버튼을 클릭합니다.

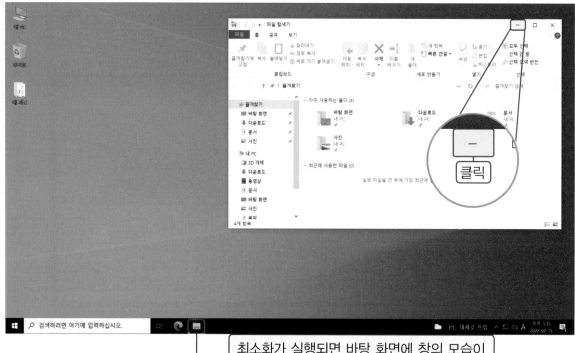

최소화가 실행되면 바탕 화면에 창의 모습이
보이지 않게 됩니다. 작업 표시줄의 아이콘
을 클릭해 다시 표시할 수 있습니다.

드래그로 창 크기 조절

바탕 화면과 창의 경계선으로 마우스를 이동합니다. 마우스 포인터 모양이 [크기
조절 포인터(↔, ↕)]로 변경되면 드래그하여 창의 크기를 변경할 수 있습니다.

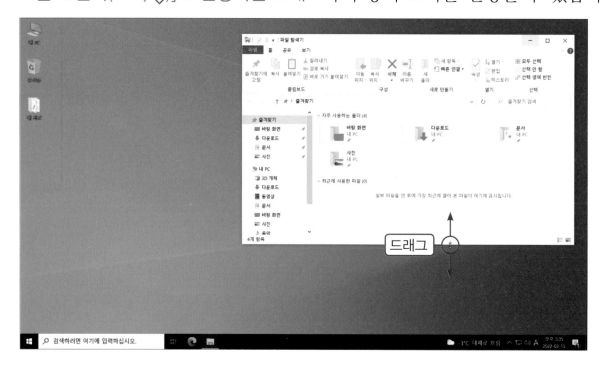

드래그

04 스냅 기능 활용하기

01 서로 다른 임의의 앱 4개를 실행하여 다음과 같이 바탕 화면에 표시합니다. 이 중 하나의 제목 표시줄을 클릭한 채 바탕 화면의 오른쪽으로 드래그합니다.

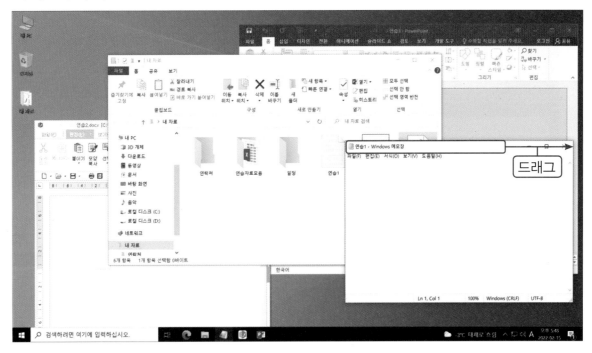

02 크기와 위치가 희미하게 나타나면 마우스에서 손가락을 뗍니다.

03 나머지 창들은 자동으로 반대편에 정렬됩니다. 왼쪽에 정렬된 창 중 하나를 클릭합니다.

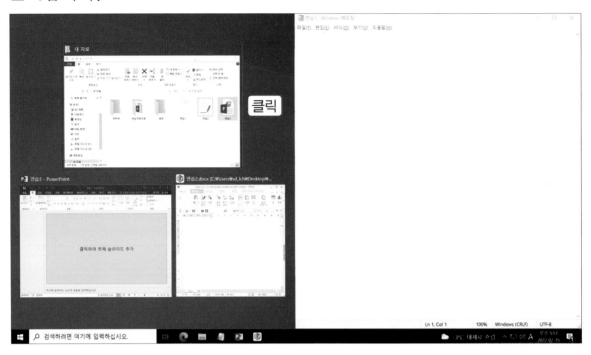

04 2개의 창을 한 화면에서 볼 수 있습니다. 왼쪽 창의 제목 표시줄을 화면의 왼쪽 모서리로 드래그합니다.

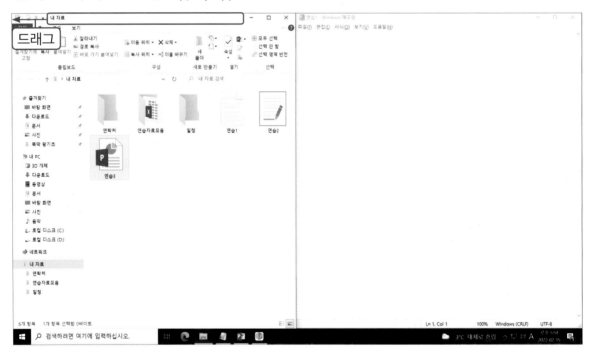

05 창의 크기가 1/4로 줄어들고 숨어 있던 나머지 창이 정렬되어 나타납니다. 정렬된 창 중 하나를 클릭합니다.

06 3개의 창을 한 화면에 볼 수 있습니다. 오른쪽 창의 제목 표시줄을 오른쪽 모서리로 드래그합니다.

07 창의 크기가 1/4로 줄어들고 나머지 창 하나가 나타납니다. 오른쪽 아래의
창을 클릭합니다.

08 4개의 창을 한 화면으로 볼 수 있습니다.

활용마당

1 '내 PC'를 실행하고 창의 크기와 위치를 조정해 봅니다.

> **[내 PC] 창 열기**
>
> • 방법 1 : 🖥️(내 PC) 아이콘이 바탕 화면에 표시되어 있으면 더블 클릭합니다.
> • 방법 2 : [파일 탐색기] 창의 탐색 창에서 [내 PC]를 선택합니다.

2 창을 최대화해 봅니다.

타자 연습

한컴 타자연습 프로그램을 이용해 키보드를 익혀 보겠습니다. 한컴 타자연습 프로그램은 한컴오피스 프로그램에 포함되어 있습니다. 윈도우 10에서 기본적으로 제공하는 프로그램이 아닙니다.

1_ [시작(■)] 버튼을 클릭합니다. [한글과컴퓨터]의 [한컴 타자연습]을 선택합니다.

2_ [등록] 버튼을 클릭합니다.

3_ 자신의 정보를 등록하고 [확인] 버튼을 클릭한 후 [시작] 버튼을 클릭합니다.

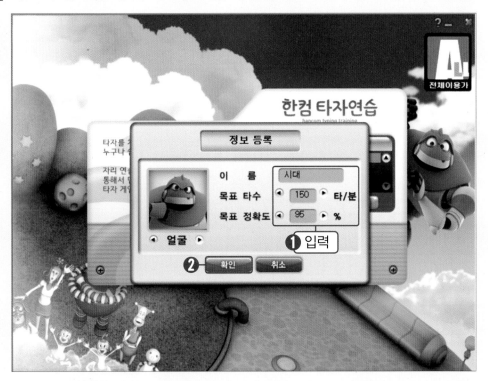

4_ [자리연습] 화면에서 단계를 선택하고 [시작] 버튼을 클릭합니다.

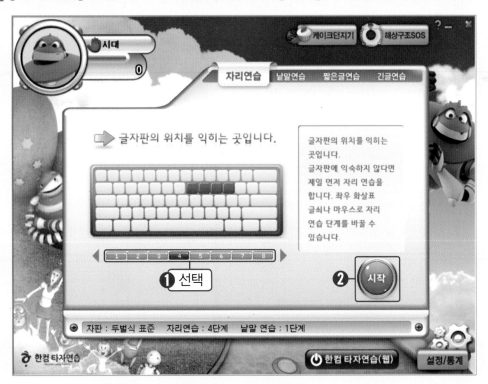

5_ 표시된 위치에 손가락을 올려놓은 후 해당하는 키를 눌러 연습합니다.

6_ 연습 결과를 확인할 수 있습니다. [정보 등록]에서 입력한 목표치에 도달하면 다음 단계로 넘어갑니다.

7_ 자리 연습에 익숙해지면 낱말 연습을 시작해 봅니다. [낱말연습]의 [시작] 버튼을 클릭합니다.

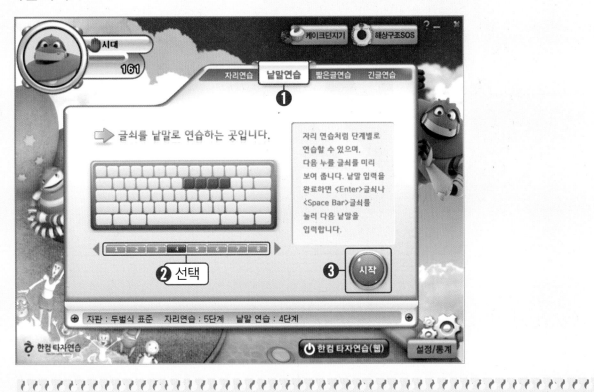

알아두기 타자연습 화면의 오른쪽 하단에 있는 [설정/통계] 버튼을 클릭한 후 [글자판선택]을 '영문'으로 변경하면 영문 자판을 연습할 수 있습니다.

8_ 낱말을 입력하고 Enter 키를 눌러 다음 낱말을 입력합니다. 낱말 연습이 익숙해지면 짧은 글과 긴 글을 연습합니다.

Part

02

인터넷
(Microsoft Edge)

01 인터넷 시작하기

01 인터넷이란?

인터넷은 컴퓨터를 연결하여 정보를 주고받는 컴퓨터 네트워크를 의미합니다. 표준 인터넷 프로토콜 집합을 사용해 전 세계 수십억 명의 사용자들에게 제공되는 지구 전체의 컴퓨터 네트워크 시스템으로 개인, 학교, 기업, 정부 네트워크 등을 유선, 무선, 광케이블 기술 등으로 연결하여 구성한 네트워크입니다.

02 인터넷의 다양한 기능

전자 메일 서비스	E-mail 주소를 가진 사람들이 인터넷을 통하여 편지를 주고 받을 수 있습니다.
인터넷 검색 서비스	정보 검색 사이트를 방문하여 자료를 검색할 수 있습니다.
인터넷 전화 서비스	인터넷으로 전화기와 동일하게 통화할 수 있습니다.
인터넷 지도 서비스	인터넷에서 제공하는 지도를 활용해 이동 거리와 시간을 검색할 수 있습니다.
인터넷 방송 서비스	동영상·애니메이션·영화 등 TV방송과 비슷한 프로그램을 인터넷망을 통해 시청할 수 있습니다.
온라인 뱅킹 서비스	직접 은행을 방문하지 않고 온라인으로 은행 업무를 볼 수 있습니다.
온라인 강의 서비스	학원에 가지 않고도 온라인 강의를 통해 학습할 수 있습니다.
온라인 게임 서비스	인터넷이나 통신상에서 게임을 할 수 있습니다.
전자상거래 서비스	인터넷 상에 개설된 쇼핑몰을 통해 상품을 구매할 수 있습니다.

03 인터넷의 다양한 용어

💬 웹 브라우저

웹 브라우저(Web Browser)는 브라우저 또는 인터넷 브라우저라고 부르며 인터넷망에서 정보를 검색하는 데 사용하는 응용 프로그램을 말합니다.

▲ 마이크로소프트 엣지(Microsoft Edge)

▲ 구글 크롬(Google Chrome)

💬 웹 사이트

웹 사이트(Web Site)는 정보의 집합체로 홈페이지라고도 합니다. 주제별로 원하는 사이트 목록들이 나열된 것은 인터넷 포털 사이트라고도 합니다.

▲ 네이버 홈페이지 [http://www.naver.com]

▲ 구글 홈페이지 [http://www.google.co.kr]

> **알아두기** 홈페이지(Homepage)
> 웹브라우저를 처음 실행시켰을 때 나타나는 첫 페이지를 말합니다.

💬 인터넷 카페

공통의 관심사나 목표를 가진 사람들의 인터넷 상에서의 모임입니다. 자원봉사, 취미, 정치, 종교 등의 여러 목적과 관심사에 따라 다양한 동호회가 있습니다.

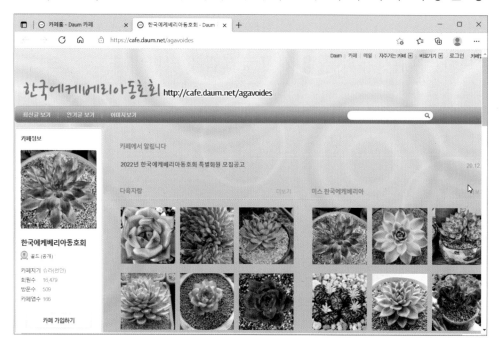

💬 블로그

블로그(Blog)란 웹(Web)과 로그(Log)의 합성어로 웹에 자기 생각이나 느낌을 일기형식으로 작성하여 많은 사람이 공유할 수 있도록 열어 놓은 공간을 말합니다.

💬 인터넷 주소

개인마다 집 주소가 다르듯이 인터넷으로 연결된 컴퓨터들을 서로 구분하기 위해 컴퓨터에 서로 다른 인터넷 주소를 부여합니다.

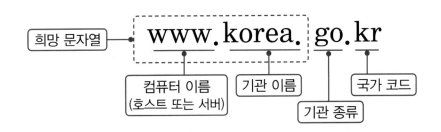

▪ 기관 종류에 따른 도메인

기관	한국인터넷진흥원에서 관리하는 도메인	미국에서 관리하는 도메인
영리 기관	co	com
정부 기관	go	gov
네트워크 관련 기관	ne	net

▪ 국가 코드에 따른 도메인

국가	도메인	국가	도메인
대한민국(Korea)	kr	미국(United State of America)	us
일본(Japan)	jp	영국(United Kingdom)	uk

💬 네트워크(Network)

컴퓨터 네트워크 또는 컴퓨터망은 분산되어 있는 컴퓨터를 통신망으로 연결한 것을 의미합니다.

01 마이크로소프트 엣지(이하 엣지)를 실행하기 위해 [시작(⊞)]-[Microsoft Edge]를 선택합니다.

> 교재와 내 윈도우 10이 달라요!
>
> 윈도우 10은 수시로 업데이트가 진행되고 있으며 업데이트에 따라 디자인이 변경되거나 기능이 추가/삭제될 수도 있습니다.

02 엣지를 실행하면 그림과 같이 홈페이지 화면이 나타납니다.

알아두기　엣지에 설정된 시작 페이지에 따라 나타나는 페이지의 모습이 다를 수 있습니다.

05 마이크로소프트 엣지 화면 구성 살펴보기

❶ **뒤로/앞으로** : 이전에 방문한 웹 페이지로 이동하거나 다음 페이지로 이동할 때 사용합니다.

❷ **주소 표시줄** : 현재 접속한 사이트의 주소가 표시되며 직접 주소를 입력하여 웹 페이지에 접속하거나 검색어를 입력하여 검색합니다.

❸ **새로 고침** : 현재 웹 페이지의 변경된 정보를 다시 불러올 때 사용합니다.

❹ **홈** : 등록한 홈페이지로 이동합니다.

❺ **페이지 탭** : 각 페이지의 제목이 표시되어 있으며 열려 있는 여러 사이트로 전환할 수 있습니다.

❻ **즐겨찾기 추가** : 현재 페이지를 즐겨찾기에 추가합니다.

❼ **즐겨찾기** : 자주 사용하는 웹 사이트를 등록하거나 이동할 때 사용합니다.

❽ **프로필** : 컬렉션과 즐겨찾기 등을 동기화하여 어느 기기를 사용해도 같은 환경에서 인터넷을 사용할 수 있도록 합니다.

❾ **설정** : 마이크로소프트 엣지의 기능을 설정하는 설정 모음입니다.

❿ **스크롤 바** : 웹 페이지를 위/아래로 이동할 때 사용합니다.

06 웹 사이트 접속하기 – 직접 입력

01 엣지를 실행한 후 주소를 입력하기 위해 주소 표시줄을 클릭합니다. 그림과 같이 주소 표시줄에 커서가 지정된 것을 확인할 수 있습니다.

02 포털 사이트인 '다음'을 방문하기 위해 'daum.net'을 입력한 후 Enter 키를 누릅니다.

03 그림과 같이 '다음' 사이트로 이동한 것을 확인할 수 있습니다.

01 '다음' 사이트의 검색어 입력란에 '국세청'을 입력한 후 [검색(🔍)] 버튼을 클릭합니다.

알아두기 주소 표시줄에 바로 검색어(예: 국세청)를 입력하면 'Bing' 사이트를 통한 검색 결과로 연결됩니다.

02 그림과 같이 검색한 페이지가 나타나면 [국세청]을 클릭합니다.

알아두기 **웹 사이트 주소로 이동하기**

검색한 페이지에서 국세청(http://www.nts.go.kr) 사이트 주소를 클릭하거나 주소 표시줄에 직접 주소를 입력하여 이동할 수도 있습니다.

03 '국세청' 사이트로 이동한 것을 확인합니다.

활용마당

1 주소 표시줄에 다양한 웹 사이트 주소를 입력하여 방문해 봅니다.

> 예 네이트 주소 : http://www.nate.com

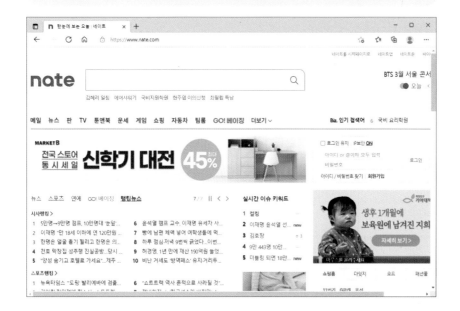

2 검색어 입력란에 다양한 웹 사이트를 입력하여 방문해 봅니다.

> 예 검색어 : 서울특별시청

02 마이크로소프트 엣지 다루기

01 시작 페이지와 홈페이지 설정하기

01 [시작(⊞)]–[Microsoft Edge]를 클릭하여 인터넷을 실행합니다.

알아두기 **작업 표시줄에 고정**

엣지와 같은 자주 사용하는 앱을 작업 표시줄에 고정해 두면 아이콘을 더블 클릭하거나 [모든 앱]에서 찾지 않아도 작업 표시줄의 바로가기를 클릭하여 실행할 수 있습니다. 작업 표시줄에 나타난 앱을 마우스 오른쪽 버튼으로 클릭한 후 [작업 표시줄에 고정]을 선택하면 앱이 작업 표시줄에 고정됩니다.

Microsoft Edge 바탕 화면으로 복사하기

① [시작(■)]-[Microsoft Edge]를 바탕 화면으로 드래그합니다.

② 바탕 화면에 생성된 바로가기 아이콘을 확인합니다.

Internet Explorer 실행하기

Internet Explorer를 실행하려면 [실행(■)]-
[Windows 보조프로그램]-[Internet Explorer]를 클
릭합니다.

02 홈페이지를 변경하기 위해 [설정(ᆢ)]을 클릭한 후 [설정]을 선택합니다.

03 [설정] 페이지로 이동하면 [시작, 홈 및 새 탭]을 선택합니다. [다음 페이지를 열 수 있습니다.]에 체크한 후 [새 페이지 추가] 버튼을 클릭합니다. [새 페이지 추가] 대화상자가 나타나면 [URL 입력]에 'daum.net'을 입력한 후 [추가] 버튼을 클릭합니다.

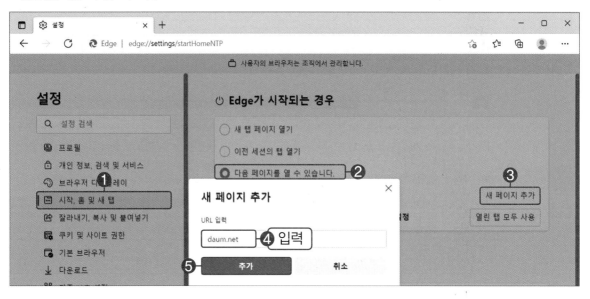

알아두기 주소 표시줄에 'edge://settings'를 입력해도 [설정] 페이지로 이동합니다.

04 [홈 단추]의 [도구 모음에 홈 버튼 표시]에 체크한 후 [URL 입력]에 'daum.net'을 입력하고 [저장] 버튼을 클릭합니다.

> **알아두기** [홈 단추]를 설정하지 않으면 [홈] 버튼 클릭 시 [새 탭] 페이지가 열립니다.

05 [홈] 버튼을 클릭하면 '다음' 사이트로 이동합니다. [닫기] 버튼을 클릭하여 엣지를 종료합니다.

06 바탕 화면에서 [Microsoft Edge]를 더블 클릭하여 다시 인터넷을 실행합니다.

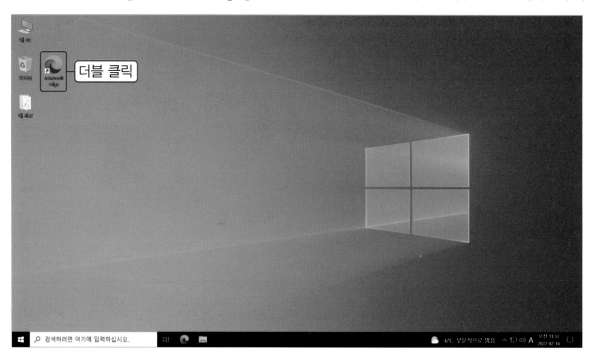

07 시작 페이지가 '다음' 사이트로 변경된 것을 확인합니다.

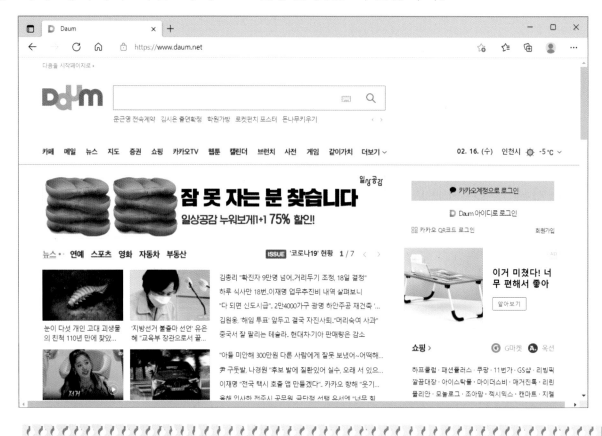

알아두기 **시작 페이지를 복수로 설정하기**
[설정] 페이지에서 [새 페이지 추가]를 복수로 추가할 수 있습니다. 엣지를 실행하면 추가한 페이지가 모두 열립니다.

02 즐겨찾기에 추가하기

💬 즐겨찾기 추가

01 자주 사용하는 웹 사이트를 즐겨찾기에 추가하기 위해 'YES24(http://www.
yes24.com)' 사이트에 이동한 후 [즐겨찾기 추가(🏠)]를 클릭합니다.

02 그림과 같이 [즐겨찾기 추가됨] 대화상자가 나타나면 [완료] 버튼을 클릭합니다.

03 [즐겨찾기(🏠)]를 클릭하면 'YES24'가 즐겨찾기에 추가된 것을 확인할 수 있습니다.

알아두기 **즐겨찾기(🏠)**
주소 표시줄에 URL(주소)을 입력하지 않고 해당 링크를 클릭하는 것만으로도 사용자가
원하는 웹 사이트에 바로 접속할 수 있는 기능을 말합니다.

💬 즐겨찾기 이름 변경

01 즐겨찾기에 추가한 페이지의 이름을 변경하기 위해 [즐겨찾기(☆)]를 클릭한 후 [YES24]를 마우스 오른쪽 버튼으로 클릭합니다. 바로 가기 메뉴가 나타나면 [이름 바꾸기]를 클릭합니다.

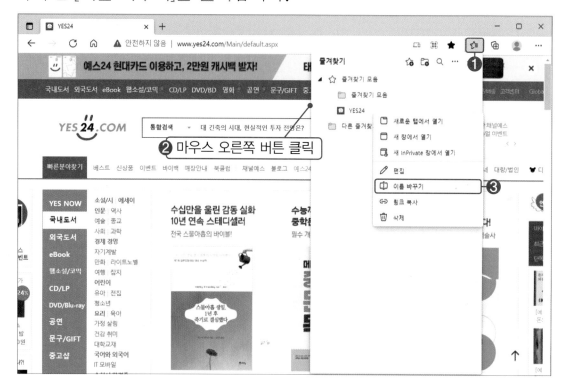

02 '독서클럽'이라 입력한 후 Enter 키를 누릅니다.

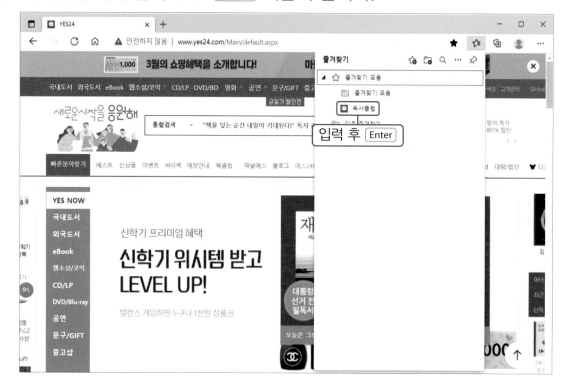

💬 즐겨찾기에 추가한 웹 사이트 삭제

01 추가한 즐겨찾기를 삭제하기 위해 [즐겨찾기(⌂☰)]를 클릭한 후 [독서클럽]을 마우스 오른쪽 버튼으로 클릭합니다. 바로 가기 메뉴가 나타나면 [삭제]를 클릭합니다.

02 그림과 같이 즐겨찾기에 추가한 '독서클럽'이 삭제된 것을 확인할 수 있습니다.

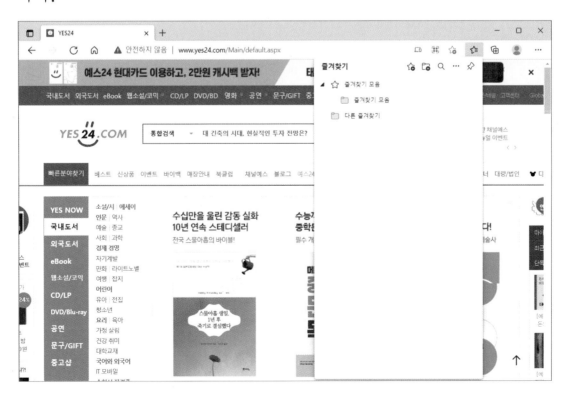

💬 새 폴더 만들고 즐겨찾기 추가

01 '질병관리청' 사이트에 접속하기 위해 주소 표시줄에 '질병관리청'을 입력한 후 Enter 키를 누릅니다. 그림과 같이 검색 페이지가 나타나면 '질병관리청' 사이트를 클릭합니다.

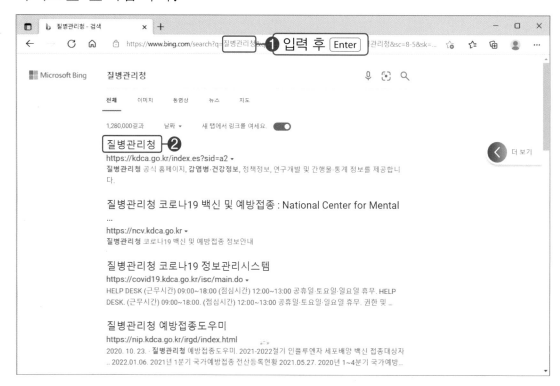

02 '질병관리청' 사이트가 열리면 [즐겨찾기 추가(☆)]를 클릭합니다. [즐겨찾기 추가됨] 대화상자가 나타나면 [더 보기] 버튼을 클릭합니다. [즐겨찾기 추가] 대화상자가 나타나면 [새 폴더] 버튼을 클릭합니다.

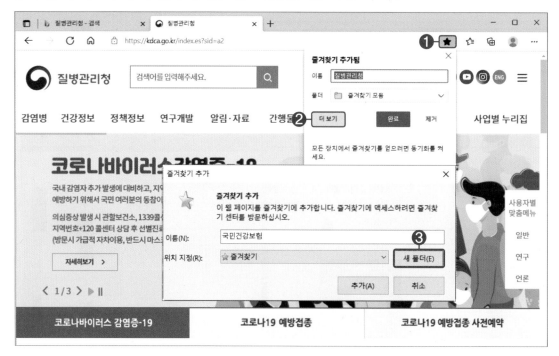

03 [즐겨찾기 편집] 대화상자가 나타나면 [이름]에 '코로나 19'라 입력합니다. 폴더를 만들기 위해 [새 폴더] 버튼을 클릭한 후 이름 입력란에 '건강'이라 입력하고 [저장] 버튼을 클릭합니다.

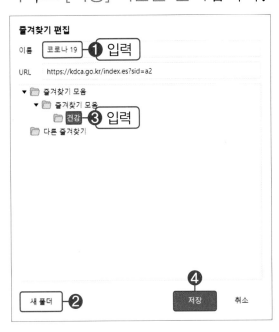

04 [즐겨찾기(☆)]를 클릭한 후 [건강] 폴더를 선택하면 '코로나 19' 사이트가 추가된 것을 확인할 수 있습니다.

05 '네이버(http://www.naver.com)' 사이트로 이동합니다. 네이버의 검색어 입력란에 '서울의료원'을 입력한 후 [검색( )] 버튼을 클릭합니다.

06 검색 페이지가 나타나면 [서울특별시 서울의료원]을 클릭합니다.

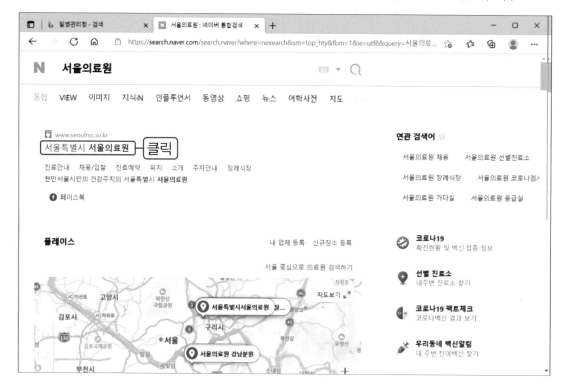

07 '서울특별시 서울의료원' 사이트가 나타나면 [즐겨찾기 추가(⭐)]를 클릭합니다. [즐겨찾기 추가됨] 대화상자가 나타나면 [이름]에는 '서울의료원'이라 입력하고 [폴더]는 '건강'으로 설정한 후 [완료] 버튼을 클릭합니다.

08 [즐겨찾기(⭐)]를 클릭한 후 [건강] 폴더에 '서울의료원' 사이트가 즐겨찾기에 추가된 것을 확인합니다.

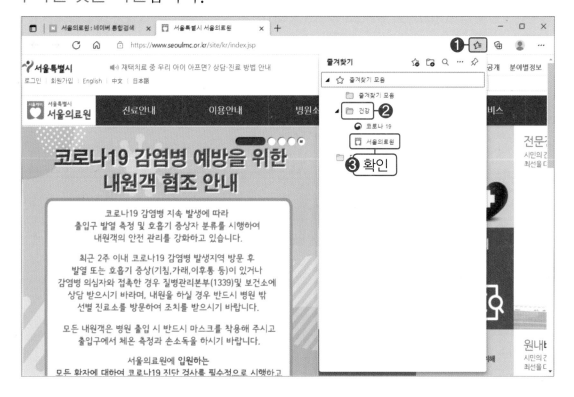

활용마당

① '네이버(http://www.naver.com)', '다음(http://www.daum.net)', '구글(http://google.com)' 사이트를 모두 시작 페이지로 설정해 봅니다.

② '네이버 뉴스(http://news.naver.com)' 사이트를 즐겨찾기에 추가해 봅니다.

03 인터넷 활용하기

01 인터넷 지도로 길 찾기

01 인터넷 지도를 이용하여 길을 찾기 위해 '다음(http://www.daum.net)' 사이트로 이동한 후 상단 메뉴의 [지도]를 클릭합니다

02 화면에 지도가 표시되면 [길찾기]를 클릭합니다.

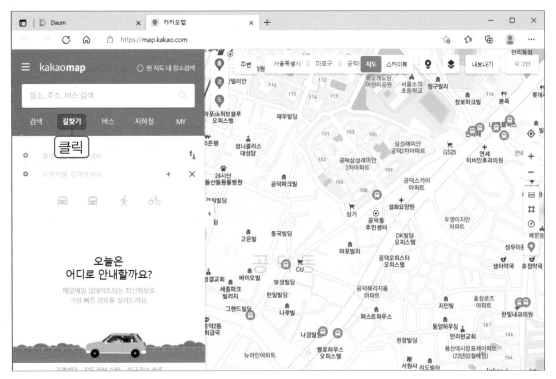

03 길찾기를 실행하기 위해 [출발] 입력란에 '종각역'을 입력한 후 검색 목록에 나타난 [종각역]을 선택합니다.

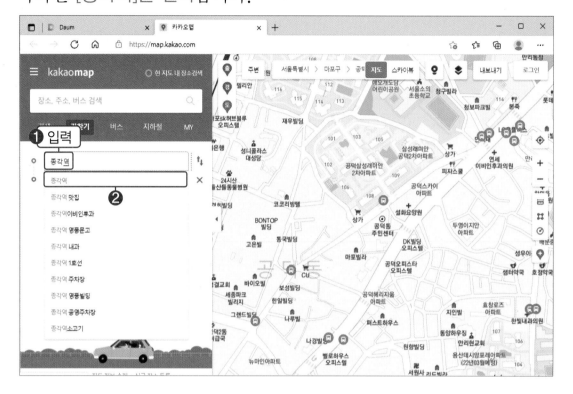

04 같은 방법으로 [도착] 입력란에 '덕수궁돌담길'을 입력한 후 [도보(🚶)] 버튼을 클릭합니다.

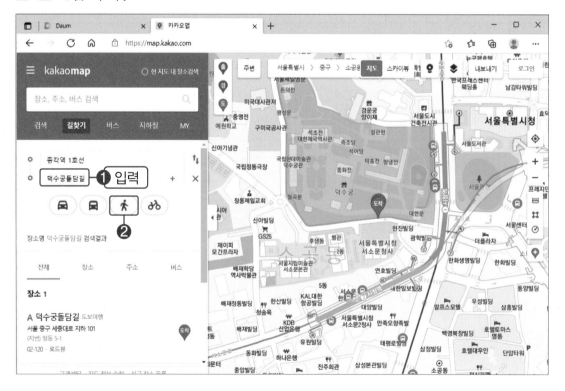

05 그림과 같이 검색 결과를 확인한 후 보고 싶은 위치를 검색하기 위해 [로드뷰]를 클릭합니다.

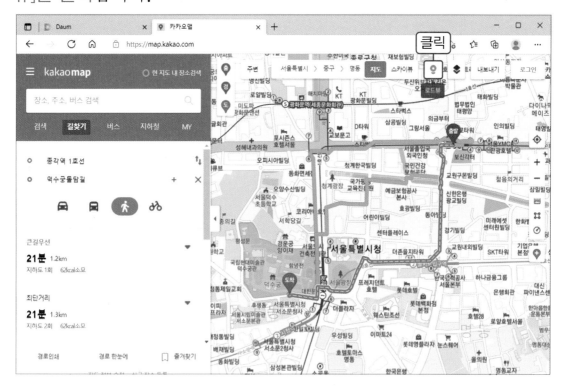

06 [로드뷰]로 보고 싶은 위치를 클릭합니다.

07 그림과 같이 보고 싶은 장소를 로드뷰로 확인할 수 있습니다. 화면을 드래그하여 다양한 로드뷰를 확인합니다.

알아두기 지도를 클릭하면 다른 장소의 로드뷰를 볼 수 있습니다.

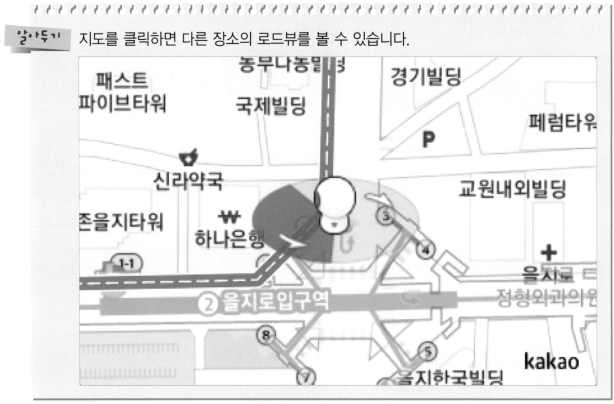

02 인터넷 사전 이용하기

01 인터넷에서 한자를 검색하기 위해 '네이버(http://www.naver.com)' 사이트로 이동한 후 [사전]을 클릭합니다.

02 어학사전 화면이 나타나면 [한자]를 클릭한 후 [필기인식기]를 클릭합니다.

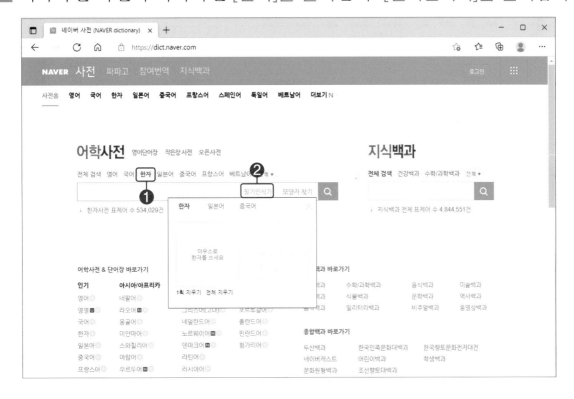

03 [필기인식기] 창이 나타나면 검색할 '木' 자 형태로 드래그하여 그립니다. 오른쪽 표에 한자 목록이 나타나면 검색할 한자를 클릭합니다.

04 한자가 검색어 입력란에 입력되면 [검색(🔍)] 버튼을 클릭합니다.

05 그림과 같이 '木' 한자에 대한 검색 결과가 나타나면 '木'을 클릭합니다.

알아두기 네이버의 경우 왼쪽 상단의 네이버 로고(**NAVER**)를 클릭하면 네이버 사이트의 첫 화면을 표시합니다.

06 '木'에 대한 사전적 정보가 나타납니다.

03 인터넷 신문 보기

01 인터넷 뉴스를 보기 위해 '네이버(http://www.naver.com)' 사이트로 이동한 후 [뉴스]를 클릭합니다.

02 네이버 뉴스로 이동하면 관심있는 주제를 선택합니다. 여기서는 [세계]를 선택합니다.

03 뉴스 제목을 클릭해 뉴스를 확인합니다.

04 그림과 같이 검색한 뉴스를 확인할 수 있습니다. 언론사별 뉴스를 검색하기 위해 화면 오른쪽 상단에 위치한 [전체 언론사]를 클릭합니다.

05 언론사 뉴스 화면이 나타나면 [경향신문]을 클릭해 해당 언론사의 기사를 살펴봅니다.

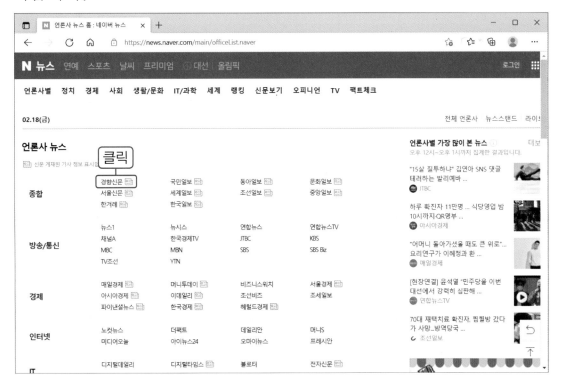

06 경향신문의 뉴스 목록에서 [포토만]을 클릭합니다. 포토 이미지가 포함된 뉴스를 확인할 수 있습니다. 뉴스를 클릭합니다.

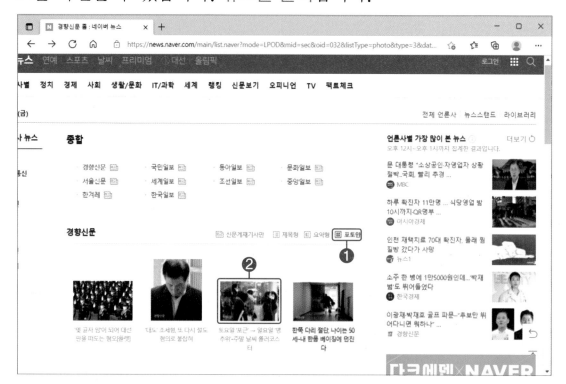

07 사진이 포함된 기사를 확인합니다.

01 뉴스를 영상으로 보기 위해 [TV]를 클릭합니다.

02 그림과 같이 뉴스 화면이 나타나면 스크롤 바를 아래로 드래그하여 뉴스를 검색합니다. 뉴스 목록을 살펴본 후 보고 싶은 뉴스를 클릭합니다.

03 그림과 같이 검색한 뉴스를 영상으로 확인할 수 있습니다.

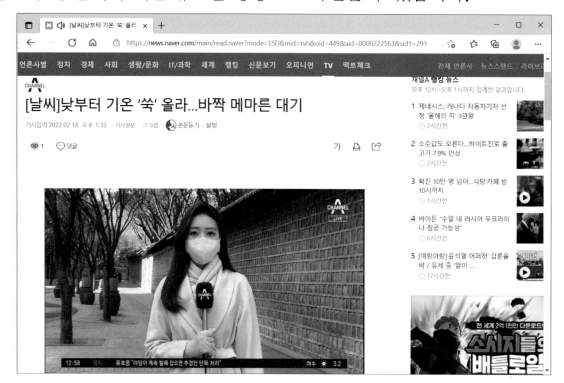

![알아두기] **언론사별 저녁 방송 뉴스 시청하기**
언론사별 저녁 방송 뉴스를 클릭하면 저녁 방송 뉴스 전체를 볼 수 있으며 원하는 뉴스를 골라서 시청할 수 있습니다.

활용마당

1 '다음'의 지도 서비스를 이용하여 버스 노선을 확인해 봅니다.

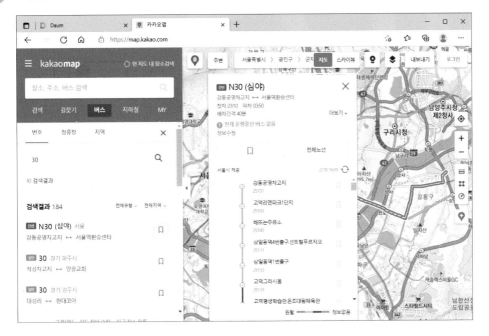

2 '네이버 뉴스'의 [랭킹뉴스]에서 많이 본 뉴스를 살펴봅니다.

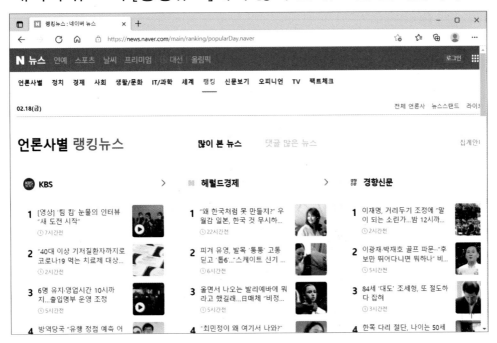

Part

03

한글 NEO (2016)

 # 한글 NEO 시작하기

 한글 NEO 실행

한글 NEO를 실행하기 위해 작업 표시줄에서 [시작()]–[한글]을 선택합니다.

> **교재와 내 윈도우 10이 달라요!**
> 윈도우 10은 수시로 업데이트가 진행되고 있으며 업데이트에 따라 디자인이 변경되거나 기능이 추가/삭제될 수도 있습니다.

알아두기 바로 가기 아이콘 이용하기
바탕 화면에 바로 가기 아이콘 [한글()]이 있다면 더블 클릭하여 실행할 수 있습니다.

 한글 NEO 종료

【방법 1】: [닫기(×)] 버튼 이용하기

한글 프로그램 창의 오른쪽에 표시된 버튼 중 [닫기(×)] 버튼을 클릭합니다.

【방법 2】: [파일] 탭 이용하기

[파일] 탭–[끝]을 선택합니다.

【방법 3】: 바로 가기 키

Alt + X 키를 눌러 프로그램을 종료할 수 있습니다.

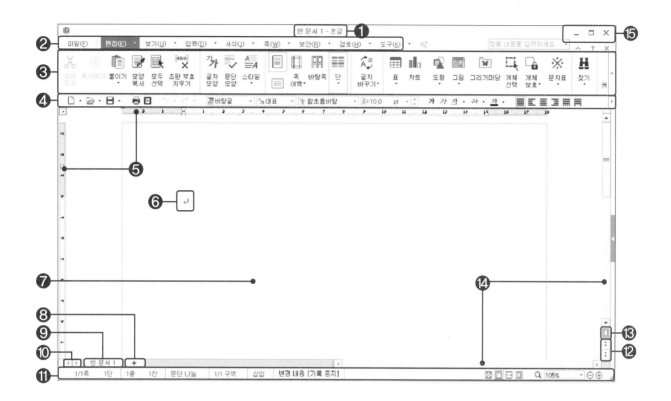

❶ **제목 표시줄** : 현재 작업 중인 한글 문서의 파일명이 표시됩니다. 기본적으로 '빈 문서 1'이 표시됩니다.

❷ **메뉴 탭** : 비슷한 기능별로 모아 놓은 탭입니다. 개체별 상황 탭이 나타나기도 합니다. 메뉴 이름 부분을 클릭하면 탭별로 열림 상자가 나타납니다. 펼침 버튼(⁃)을 클릭하면 펼침 메뉴가 나타납니다.

❸ **[기본] 도구 상자** : 선택 메뉴(탭)에 따라 해당 메뉴에서 자주 사용하는 기능들을 표시합니다. '열림 상자'라고도 합니다.

❹ **[서식] 도구 상자** : 문서 편집 시 자주 사용하는 기능을 모아 아이콘으로 묶어 놓은 곳입니다.

❺ **가로/세로 눈금자** : 개체의 가로 위치나 너비 또는 세로 위치나 높이를 파악하기 위해 사용합니다.

❻ **커서** : 글자가 입력될 현재 위치를 표시합니다.

❼ **편집 창** : 내용(글자, 그림, 도형, 표, 차트 등)을 넣고 꾸미는 작업 공간입니다.

❽ **새 탭** : 문서에 새 탭을 추가합니다.

❾ **문서 탭** : 저장하지 않은 문서는 파일 이름이 빨간색으로 표시되고, 자동 저장된 문서는 파란색, 저장 완료된 문서는 검은색으로 표시됩니다.

❿ **탭 이동** : 여러 개의 문서 탭이 열려 있을 때 이전 탭 또는 다음 탭으로 이동합니다.

⓫ **상황 선** : 편집 창의 상태 및 커서가 위치한 곳에 대한 정보 등을 보여 줍니다.

⓬ **쪽 이동** : 작성 중인 문서가 여러 장(쪽)일 때 쪽 단위로 이동합니다.

⓭ **보기 선택 아이콘** : 쪽 윤곽, 문단 부호, 조판 부호, 투명 선, 격자, 찾기, 찾아가기 등 보기 관련 기능에 대해 설정할 수 있습니다.

⓮ **가로/세로 이동 막대** : 문서 내용이 편집 화면보다 클 때 화면을 가로 또는 세로로 이동하기 위해 사용합니다.

⓯ **창 조절 버튼** : 프로그램 창의 최소화, 최대화/이전 크기로 복원, 닫기 기능을 사용할 수 있습니다.

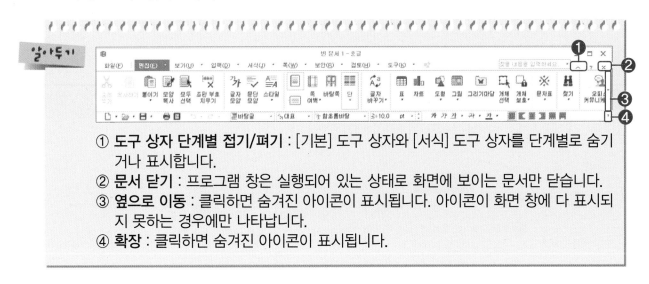

① **도구 상자 단계별 접기/펴기** : [기본] 도구 상자와 [서식] 도구 상자를 단계별로 숨기거나 표시합니다.

② **문서 닫기** : 프로그램 창은 실행되어 있는 상태로 화면에 보이는 문서만 닫습니다.

③ **옆으로 이동** : 클릭하면 숨겨진 아이콘이 표시됩니다. 아이콘이 화면 창에 다 표시되지 못하는 경우에만 나타납니다.

④ **확장** : 클릭하면 숨겨진 아이콘이 표시됩니다.

03 문단 부호 표시하기

01 [보기] 탭의 글자 부분을 클릭합니다. [기본] 도구 상자의 내용이 바뀐 것을 확인할 수 있습니다.

02 [보기] 탭에서 [문단 부호]의 체크 박스를 클릭하여 √를 표시합니다. 화면에 ↵가 표시되는 것을 확인할 수 있습니다.

04 편집 용지 설정하기

💬 용지 여백

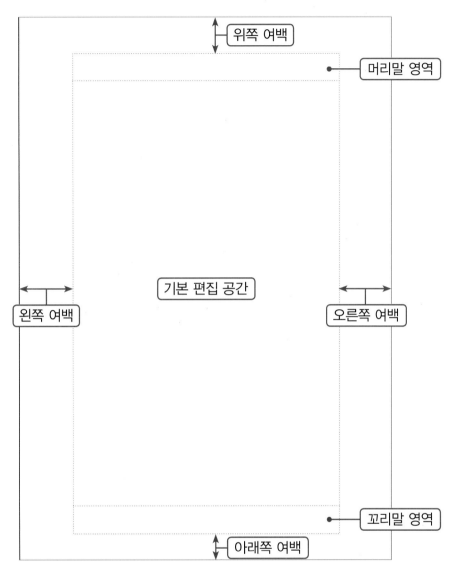

💬 용지 종류와 방향, 여백 설정

■ 편집 용지 설정

명령을 실행하는 방법에는 여러 가지가 있습니다. 여기서는 바로 가기 키를 이용하는 방법으로 살펴보도록 하겠습니다.

- **용지 종류** : B5
- **용지 방향** : 가로
- **용지 여백** : 위쪽/아래쪽 '10mm', 왼쪽/오른쪽 '20mm', 머리말/꼬리말 '10mm', 제본 '0mm'

01 [쪽] 탭-[편집 용지]를 클릭합니다. [편집 용지] 대화상자가 나타납니다.

02 [종류]의 펼침 버튼(▾)을 클릭합니다. 용지 목록이 나타나면 'B5'를 선택합니다.

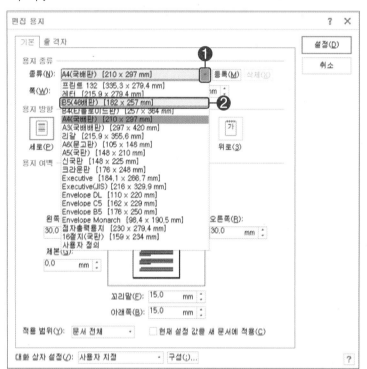

03 [용지 방향]에서 [가로]를 클릭하여 용지 방향을 바꿔 봅니다.

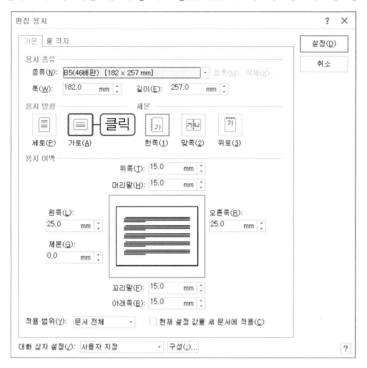

04 [용지 여백]의 [위쪽] 입력란에 '10'을 입력합니다.

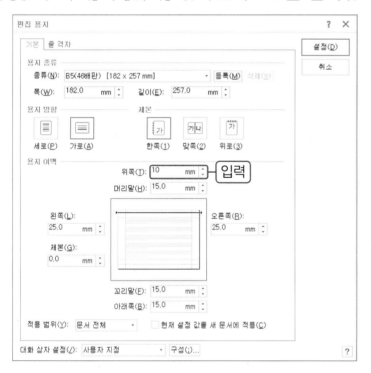

05 `Tab` 키를 눌러 [아래쪽] 입력란으로 이동합니다. 마우스로 직접 클릭하여 이동해도 됩니다. [아래쪽] 입력란에 '10'을 입력합니다.

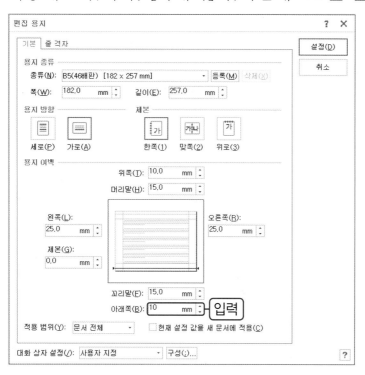

06 같은 방법으로 [왼쪽], [오른쪽] 입력란에 '20'을 입력하고 [머리말], [꼬리말] 입력란에는 '10'을 입력합니다. [제본]은 그대로 두고 [설정] 버튼을 클릭합니다.

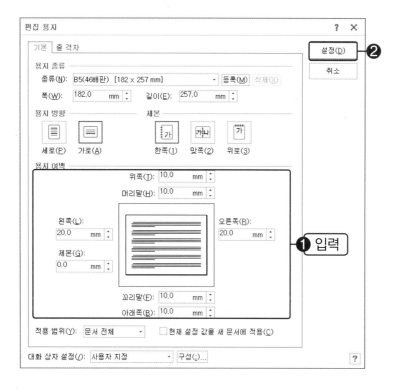

■ 설정 여백 확인

01 [서식] 도구 상자에서 [미리 보기()]를 클릭합니다.

클릭

02 화면이 바뀌고 전체 용지 화면이 보이는 것을 확인합니다. [미리 보기] 탭–
[여백 보기]를 클릭합니다.

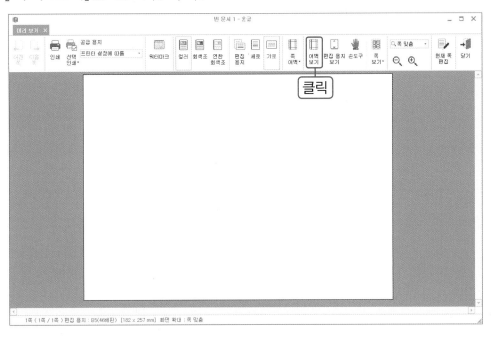

클릭

03 빨간색 점선으로 여백 구역이 표시됩니다. [미리 보기] 탭–[닫기]를 클릭합
니다. [닫기]가 보이지 않으면 [옆으로 이동] 버튼을 클릭하여 표시합니다.

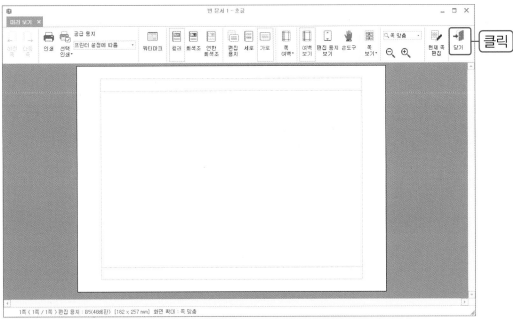

클릭

05 새 문서 열기

💬 새 창으로 새 문서 열기

[파일] 탭-[새 문서]를 선택하거나 [서식] 도구 상자의 [새 문서(🗋 ▾)]의 그림 부분
(🗋)을 클릭합니다. 새 창으로 '빈 문서 2'가 나타납니다.

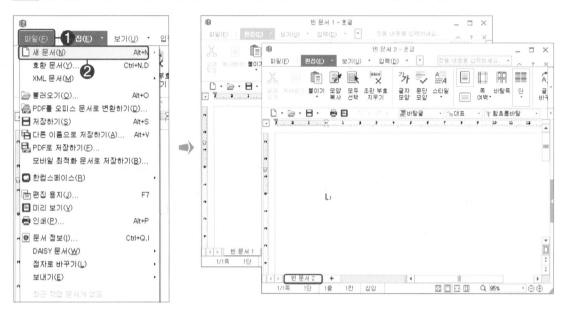

💬 새 탭으로 새 문서 열기

[파일] 탭-[새 문서]-[새 탭]을 선택하거나 [서식] 도구 상자에서 [새 문서(🗋 ▾)]
의 펼침 버튼(▾)을 클릭한 후 [새 탭]을 선택합니다. 새 탭에 '빈 문서 2'가 나타
납니다.

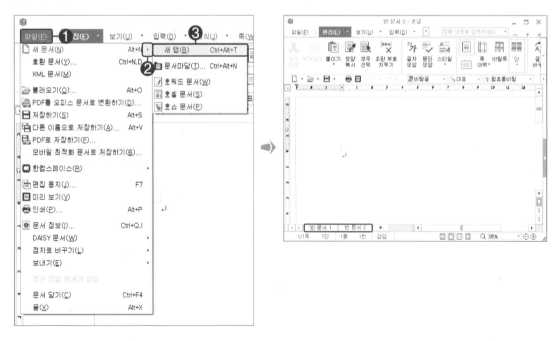

활용마당

1 편집 창에 격자를 표시해 봅니다.

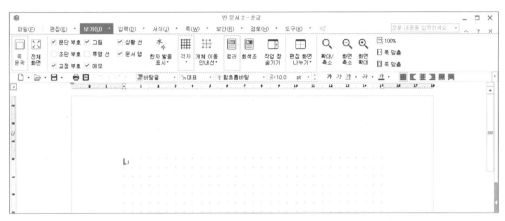

2 [기본] 도구 상자를 숨겨봅니다.

3 다음과 같은 〈조건〉의 편집 용지를 설정해 봅니다.

〈조건〉
- **용지 종류** : A3
- **용지 방향** : 가로
- **용지 여백** : 위쪽/아래쪽 '10㎜', 왼쪽/오른쪽 '25㎜', 머리말/꼬리말 '20㎜', 제본 '0㎜'

02 기본 문서 작성 방법 익히기

01 기본 입력 방법 익히기

💬 내용 입력

01 한글을 실행한 후 [서식] 도구 상자에서 [글자 크기]의 펼침 버튼(⌄)을 클릭합니다. [글자 크기] 목록 중 '14pt'를 선택합니다.

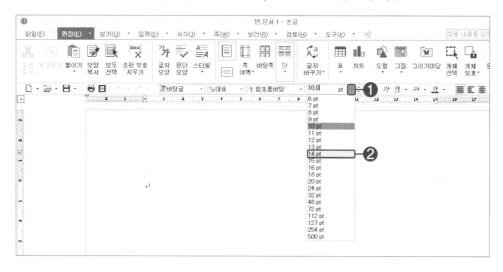

02 빈 문서에 그림과 같은 내용을 입력합니다.

03 Enter 키를 눌러 줄을 바꾸고 이동된 2번째 줄에 그림과 같은 내용을 입력합니다.

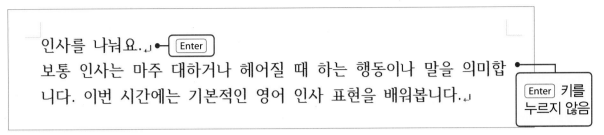

인사를 나눠요..↵ — Enter

보통 인사는 마주 대하거나 헤어질 때 하는 행동이나 말을 의미합 ┐— Enter 키를
니다. 이번 시간에는 기본적인 영어 인사 표현을 배워봅니다.↵ └ 누르지 않음

알아두기 [보기] 탭–[문단 부호]에 체크해 두었으므로 ↵ 표시가 나타납니다. ↵ 표시는 문단의 끝 위치를 표시하므로 Enter 키를 눌러 강제 줄 바꿈한 위치를 확인할 수 있습니다.

04 Enter 키를 2번 눌러 빈 줄을 삽입합니다. 5번째 줄에 커서가 이동되면 그림과 같은 내용을 입력합니다.

인사를 나눠요..↵
보통 인사는 마주 대하거나 헤어질 때 하는 행동이나 말을 의미합
니다. 이번 시간에는 기본적인 영어 인사 표현을 배워봅니다.↵ —❶ Enter
↵ —❷ Enter
[만날 때]↵ —❸ 입력 후 Enter
안녕 :↵ —❹ 입력

05 한/영 키를 눌러 '영문' 모드로 변경한 후 Shift 키를 누른 채 H 키를 누릅니다. 대문자 'H'가 입력됩니다. Shift 키에서 손가락을 떼고 I 키만 눌러 소문자 'i'를 입력합니다.

인사를 나눠요..↵
보통 인사는 마주 대하거나 헤어질 때 하는 행동이나 말을 의미합
니다. 이번 시간에는 기본적인 영어 인사 표현을 배워봅니다.↵
↵
[만날 때]↵
안녕 :Hi↵ — 입력

06 Enter 키를 눌러 커서의 위치를 변경한 후 한/영 키를 눌러 '한글' 모드로 변경하고 다음과 같이 입력합니다. 다시 한/영 키를 눌러 '영문' 모드로 변경한 후 대소문자를 구분하여 'Bye'를 입력합니다.

인사를 나눠요.↵
보통 인사는 마주 대하거나 헤어질 때 하는 행동이나 말을 의미합
니다. 이번 시간에는 기본적인 영어 인사 표현을 배워봅니다.↵
↵
[만날 때]↵
안녕 : Hi↵

[헤어질 때]↵　　입력
잘 가 : Bye↵

알아두기 또 다른 한/영 모드 전환 방법
왼쪽 Shift 키와 Space Bar 키를 함께 누르면 한글→영문(또는 영문→한글) 모드로 전환
됩니다.

💬 내용 수정 및 삭제

01 1번째 줄 1번째 칸을 클릭하여 커서를 이동한 후 '1 day '라고 입력합니다. 먼저 입력되어 있던 글자들이 오른쪽으로 이동되며 새로운 글자들이 채워지는 것을 확인합니다.

인사를 나눠요.↵
❶보통 인사는 마주 대하거나 헤어질 때 하는 행동이나 말을 의미합
니다. 이번 시간에는 기본적인 영어 인사 표현을 배워봅니다.↵

⬇

1 day 인사를 나눠요.↵
❷입력 인사는 마주 대하거나 헤어질 때 하는 행동이나 말을 의미합
니다. 이번 시간에는 기본적인 영어 인사 표현을 배워봅니다.↵

• 다음과 같이 글자를 입력했을 때 입력되어 있던 오른쪽 글자들이 사라지면 상황 선에서 입력 상태가 '수정'으로 설정되어 있는지 확인합니다.

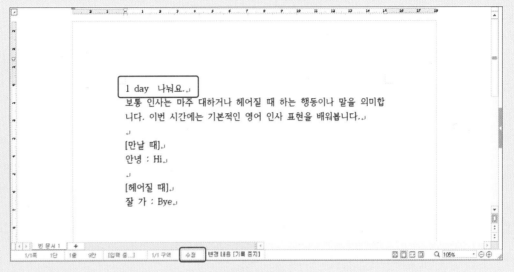

▲ 입력 상태가 '수정'인 상태에서 입력한 경우

• 상황 선에서 '수정'으로 표시된 부분을 클릭하여 '삽입'으로 변경하거나 Insert 키를 눌러 '삽입'으로 변경합니다.

02 End 키를 눌러 줄 맨 뒤로 커서를 이동한 후 Enter 키를 누릅니다. 빈 줄이 삽입됩니다.

1 day 인사를 나눠요.↵ ●─ Enter
보통 인사는 마주 대하거나 헤어질 때 하는 행동이나 말을 의미합
니다. 이번 시간에는 기본적인 영어 인사 표현을 배워봅니다.↵

1 day 인사를 나눠요.↵
↵
보통 인사는 마주 대하거나 헤어질 때 하는 행동이나 말을 의미합
니다. 이번 시간에는 기본적인 영어 인사 표현을 배워봅니다.↵

2번째 줄 맨 앞에 커서를 두고 Enter 키를 눌러도 됩니다. '수정' 모드에서는 빈 줄이 삽입되지 않고 커서가 이동하니 주의하도록 합니다.

03 6번째 줄 맨 앞으로 커서를 이동한 후 Delete 키를 누릅니다. 커서의 오른쪽에 위치한 '['가 삭제되면 '1. '을 입력합니다.

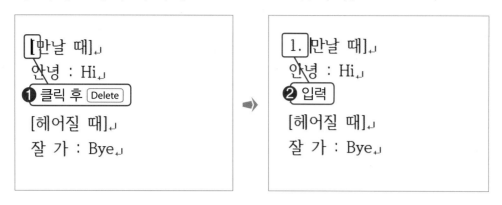

04 줄의 맨 뒤로 커서를 이동한 후 Back Space 키를 눌러 커서의 왼쪽에 위치한 ']'를 삭제합니다.

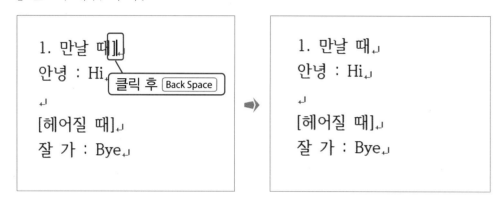

05 같은 방법으로 그림과 같이 9번째 줄의 내용을 수정합니다.

알아두기 줄 번호 표시

줄 번호를 표시하려면 [쪽] 탭-[줄 번호]를 클릭합니다. 다음과 같이 줄 번호가 여백 부분에 나타납니다.

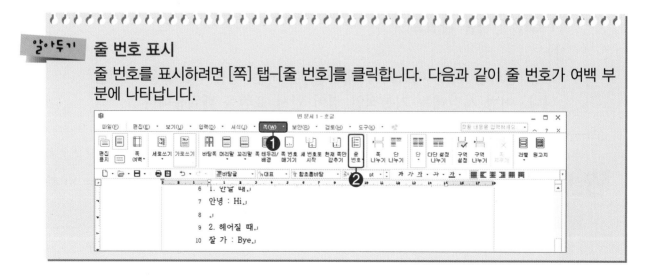

알아두기 찾아 바꾸기

- [찾기] 대화상자에서 [바꾸기] 버튼을 클릭하면 [찾아 바꾸기] 대화상자가 열립니다.

- 작업 중인 문서 내의 특정 문자(단어, 문장)를 찾아서 다른 것으로 바꿀 때 사용합니다. 삭제와 입력 과정을 한 번에 해주기 때문에 교체할 내용이 규칙적이고 많을 경우 사용하면 시간도 단축되고 편리합니다.

- [편집] 탭–[찾기]–[찾아 바꾸기]를 선택하여 [찾아 바꾸기] 대화상자를 불러낸 후 활용할 수 있습니다.

- 예 '〉〉'를 '〈상황〉'으로 수정

- [모두 바꾸기] 버튼을 클릭하면 바꿀 내용으로 한 번에 변경되고 [바꾸기] 버튼과 [다음 찾기] 버튼을 활용하면 선별하여 변경할 수 있습니다.

02 저장하기

[파일] 탭-[저장하기]를 선택하거나 [서식] 도구 상자의 [저장하기(<img_1 아이콘>)]를 클릭합니다. 바로 가기 키인 Alt + S 를 눌러도 됩니다.

01 [서식] 도구 상자의 [저장하기(<img_1 아이콘>)]를 클릭합니다.

02 [다른 이름으로 저장하기] 대화상자가 나타나면 파일을 저장할 폴더를 선택합니다. 왼쪽의 [바탕 화면]을 클릭한 후 [새 폴더]를 클릭합니다.

03 새 폴더가 만들어지면 폴더명에는 '홍길동'이라 입력하고 Enter 키를 누릅니다. [열기] 버튼을 클릭하여 저장 위치를 지정합니다.

04 [파일 이름]에 '영어학습자료'라고 입력한 후 [저장] 버튼을 클릭합니다.

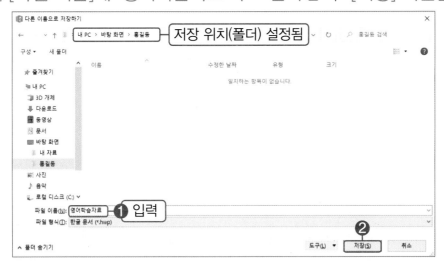

05 제목 표시줄에 지정된 경로와 파일이 표시되는 것을 확인합니다. [문서 닫기(×)] 버튼을 클릭해 열려 있는 한글 문서를 끝냅니다. 이때 한글 프로그램은 종료되지 않습니다.

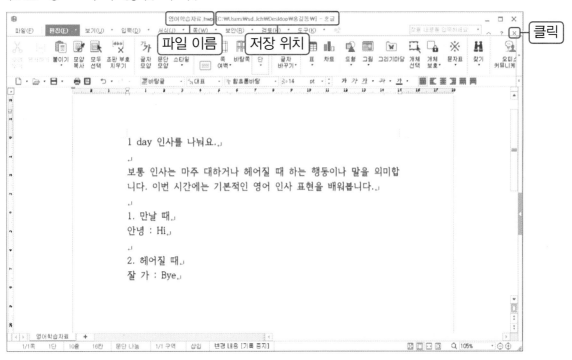

알아두기 [문서 닫기(×)] 버튼을 클릭하면 현재 열려있는 문서는 종료되고 빈 문서가 나타납니다.

03 불러오기

[파일] 탭–[불러오기]를 선택하거나 [서식] 도구 상자의 [불러오기(📂)]를 클릭합니다. 바로 가기 키인 Alt + O 를 눌러도 됩니다.

01 [서식] 도구 상자의 [불러오기(📂)]를 클릭합니다.

02 [불러오기] 대화상자가 나타나면 저장된 파일 위치([바탕 화면]–[홍길동] 폴더를 순서대로 열기)에서 파일을 선택하고 [열기] 버튼을 클릭합니다.

03 저장한 한글 파일이 불러오기 된 것을 확인합니다.

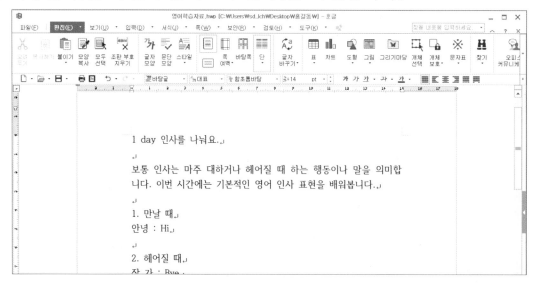

04 다른 이름으로 저장하기

[파일] 탭–[다른 이름으로 저장하기]를 선택하거나 바로 가기 키인 [Alt]+[V]를 누릅니다.

01 불러온 파일에 다음과 같이 12번째 줄부터 15번째 줄까지 내용을 입력합니다.

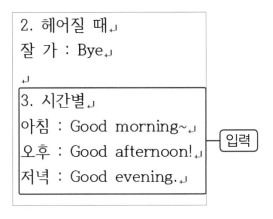

02 [파일] 탭–[다른 이름으로 저장하기]를 선택합니다.

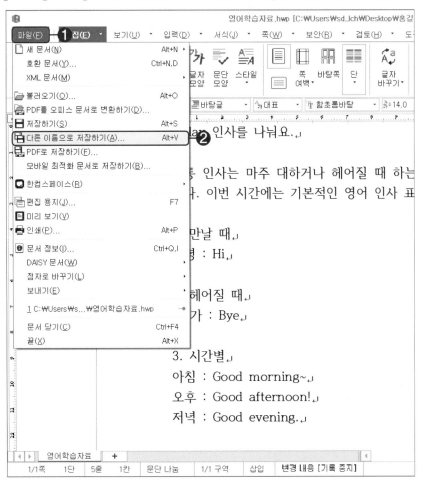

03 [다른 이름으로 저장하기] 대화상자가 나타나면 [파일 이름]에 '기초영어교실-1강'이라 입력한 후 [저장] 버튼을 클릭합니다.

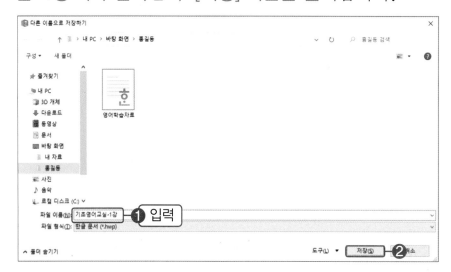

04 저장 위치는 그대로지만 파일 이름은 변경된 것을 확인할 수 있습니다. [닫기(×)] 버튼을 클릭해 프로그램을 종료합니다.

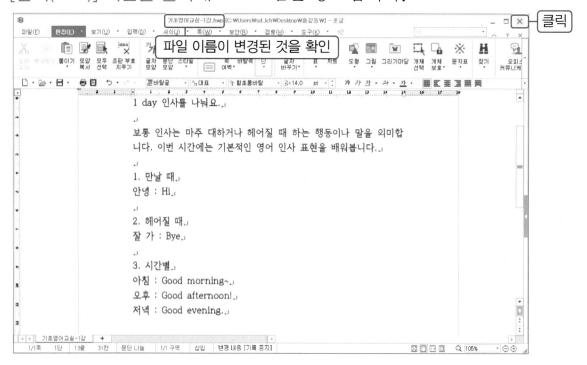

 활용마당

1 다음과 같이 입력한 후 '애국가-1절.hwp' 파일로 저장해 봅니다.
(글꼴 : 함초롬바탕, 14pt)

애국가

[1절]
동해물과 백두산이 마르고 닳도록 하느님이 보우하사 우리나라 만
세.
[후렴]
무궁화 삼천리 화려 강산, 대한사람 대한으로 길이 보전하세.

2 '애국가-1절.hwp' 파일을 다음과 같이 수정한 후 '애국가.hwp' 파일로
저장해 봅니다.

애국가

[1절]
동해물과 백두산이 마르고 닳도록 하느님이 보우하사 우리나라 만
세.
무궁화 삼천리 화려 강산, 대한사람 대한으로 길이 보전하세.

[2절]
남산 위에 저 소나무, 철갑을 두른 듯 바람 서리 불변함은 우리 기
상일세.

 03 글자 꾸미기

01 블록 지정하기

'블록'은 편집(서식 변경, 삭제, 복사, 이동 등)을 하기 위해 문서의 일부분을 범위로 설정하는 것을 말합니다.

💬 한 글자 이상 선택

◎ 예제파일 : 고사성어.hwp

범위를 설정할 시작 위치로 마우스 포인터를 이동한 후 마우스 포인터가 Ⅰ일 때 블록 지정할 범위까지 드래그합니다.

```
고 사 성 어
Ⅰ옛 이야기에서 유래한 한자로 이루어진 말을 '고사성어(故事成語)'
라고   다. 그 중 4글자로 이루어져 있는 것은 '사자성어'라고도
 드래그
합니다.
(예) 易地思之(역지사지) : 처지를 서로 바꾸어 생각하라.
```

```
고 사 성 어
옛 이야기에서 유래한 한자로 이루어진 말을 '고사성어(故事成語)'
라고 합니다. 그 중 4글자로 이루어져 있는 것은 '사자성어'라고도
합니다.
(예) 易地思之(역지사지) : 처지를 서로 바꾸어 생각하라.
```

알아두기 F3 키를 이용한 블록 설정하기

- F3 키를 누른 후 방향키(←, →, ↓, ↑)를 눌러 블록 범위를 설정할 수 있습니다.
- Shift 키를 누른 채 방향키를 눌러 설정할 수도 있습니다.

알아두기

F4 키를 이용한 블록 설정하기

F4 키를 누른 후 방향키를 누르면 커서 위치를 기준으로 세로 방향으로 블록 범위를 설정할 수 있습니다.

> 고 사 성 어↵
>
> **옛 이야기에서** 유래한 한자로 이루어진 말을 '고사성어(故事成語)'
> **라고 합니다.** 그 중 4글자로 이루어져 있는 것은 '사자성어'라고도
> **합니다.**↵
> (예) 易地思之(역지사지) : 처지를 서로 바꾸어 생각하라..↵

한 줄 선택

범위를 설정할 줄의 맨 앞으로 마우스 포인터를 이동한 후 마우스 포인터가 일 때 클릭합니다.

> 고 사 성 어↵
>
> 옛 이야기에서 유래한 한자로 이루어진 말을 '고사성어(故事成語)'
> 클릭 라고 합니다. 그 중 4글자로 이루어져 있는 것은 '사자성어'라고도
> 합니다.↵
> (예) 易地思之(역지사지) : 처지를 서로 바꾸어 생각하라..↵

⬇

> 고 사 성 어↵
>
> **옛 이야기에서 유래한 한자로 이루어진 말을 '고사성어(故事成語)'**
> 라고 합니다. 그 중 4글자로 이루어져 있는 것은 '사자성어'라고도
> 합니다.↵
> (예) 易地思之(역지사지) : 처지를 서로 바꾸어 생각하라..↵

💬 한 문단 선택

범위를 설정할 줄의 맨 앞으로 마우스 포인터를 이동한 후 마우스 포인터가 ⊿ 일 때 더블 클릭합니다.

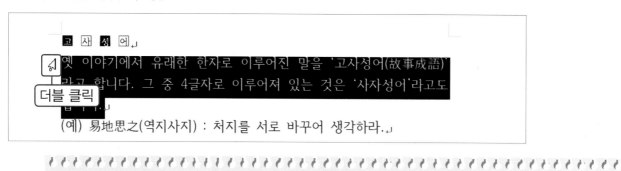

🔖 **알아두기** 마우스 포인터가 Ⅰ일 때 더블 클릭하면 마우스 포인터가 위치한 곳의 연속된 글자들이 블록으로 선택되고 세 번 클릭하면 문단이 블록으로 선택됩니다.

💬 전체 문서 선택

범위를 설정할 줄의 맨 앞으로 마우스 포인터를 이동한 후 마우스 포인터가 ⊿ 일 때 빠르게 세 번 클릭하거나 Ctrl + A 키를 누릅니다.

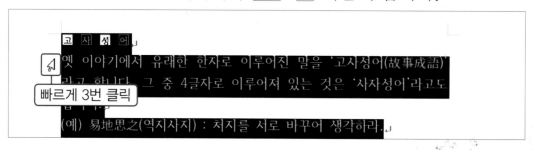

💬 블록 설정 해제

Esc 키를 누르거나 마우스를 클릭하면 블록 설정이 취소됩니다.

01 한글을 실행한 후 [서식] 도구 상자의 [불러오기(📂)]를 클릭해 '고사성어. hwp' 파일을 선택하여 불러옵니다. 다음과 같이 블록 설정합니다.

> **고 사 성 어**↵
> 옛 이야기에서 유래한 한자로 이루어진 말을 '고사성어(故事成語)'
> 래 드래그 다. 그 중 4글자로 이루어져 있는 것은 '사자성어'라고도
> 합니다.↵

02 [서식] 도구 상자에서 [글꼴]의 펼침 버튼(⌄)을 클릭하고 'HY태백B'로 설정합니다.

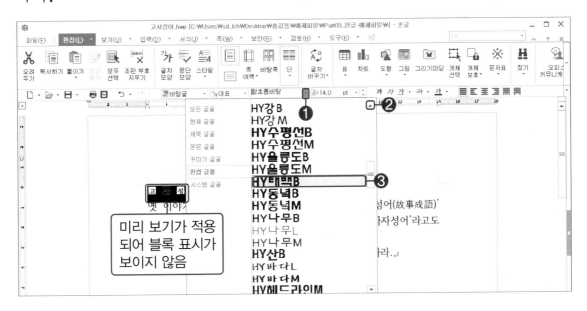

03 [서식] 도구 상자에서 [글자 크기]의 펼침 버튼(⌄)을 클릭하고 '48pt'로 설정합니다.

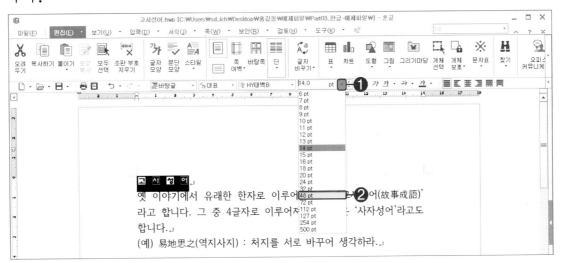

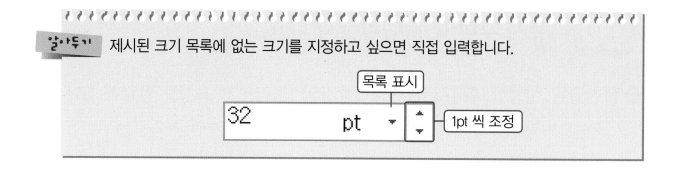

제시된 크기 목록에 없는 크기를 지정하고 싶으면 직접 입력합니다.

목록 표시

1pt 씩 조정

04 [서식] 도구 상자에서 [밑줄]의 펼침 버튼(▾)을 클릭하고 '얇고 굵은 이중선'을 선택합니다.

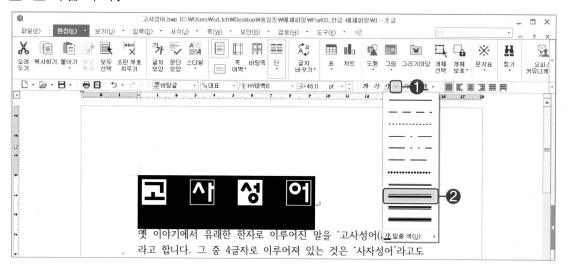

05 [서식] 도구 상자에서 [글자 색]의 펼침 버튼(▾)을 클릭하고 색상(여기서는 '보라')을 선택합니다.

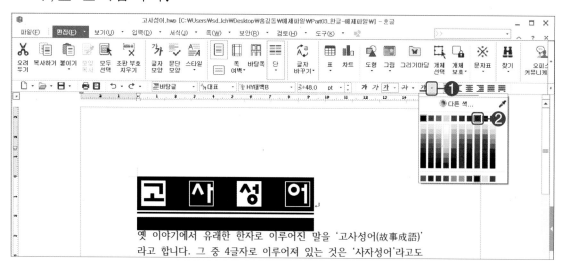

색상표에 원하는 색이 없을 경우

■ 방법 1 : 테마 변경

[색상 테마(▶)] 버튼을 클릭해 새로운 테마를 선택합니다. 색상표가 새로운 테마의 색상으로 나타납니다.

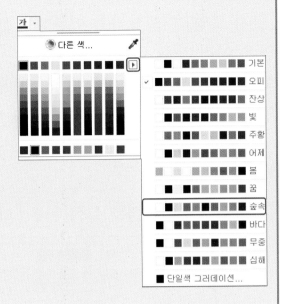

■ 방법 2 : 다른 색 설정

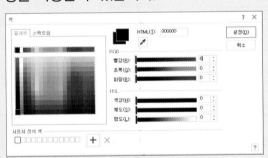 을 클릭하면 팔레트 또는 스펙트럼을 통해 테마에서 제시되지 않은 색상을 지정할 수 있습니다.

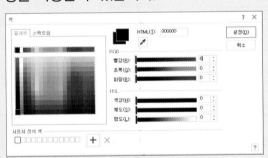
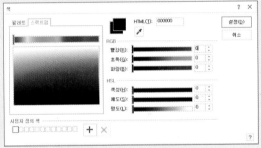

■ 방법 3 : 색 골라내기

[색 골라내기(✎)]를 클릭한 후 마우스 커서가 ✎로 변경되면 원하는 색을 클릭하여 색을 지정합니다. 색에 대한 설정은 왼쪽 상단에 다음과 같이 나타납니다.

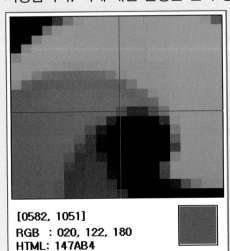

[0582, 1051]
RGB : 020, 122, 180
HTML: 147AB4

[글자 모양] 대화상자를 이용하면 [서식] 도구 상자나 [서식] 탭에서는 표시되지 않은 여러 가지 서식들을 변경할 수 있습니다. [글자 모양] 대화상자는 [서식] 탭의 펼침 버튼(▾)을 클릭해 [글자 모양] 메뉴를 선택하거나 [서식] 탭-[글자 모양]을 클릭하면 나타납니다. Alt + L 키를 눌러도 됩니다.

💬 아래 첨자 적용

01 다음과 같이 블록 설정한 후 [서식] 탭-[글자 모양]을 클릭합니다.

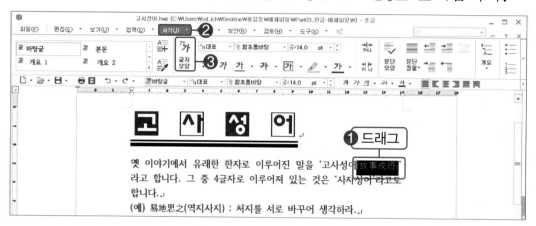

02 [글자 모양] 대화상자가 나타나면 [기본] 탭에서 [아래 첨자(🔲)]를 선택하고 [설정] 버튼을 클릭합니다.

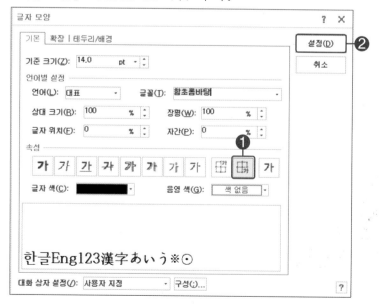

💬 음영 색 지정

01 다음과 같이 블록 설정한 후 [서식] 탭–[글자 모양]을 클릭합니다.

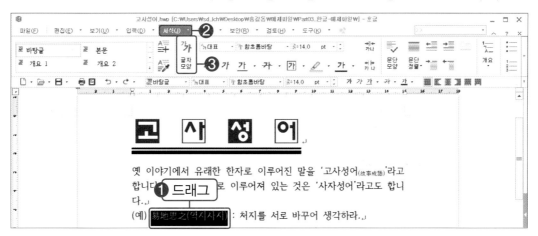

02 [글자 모양] 대화상자가 나타나면 [글자 색]은 '하양', [음영 색]은 '초록'으로 설정하고 [설정] 버튼을 클릭합니다.

> **알아두기** [음영 색]은 글자의 배경에 깔리는 바탕 색으로 [서식] 탭–[형광펜(✏)]과 기본적으로는 다른 기능입니다. 형광펜은 화면상 강조(체크)하기 위한 기능으로 [인쇄] 대화상자의 [확장] 탭에서 인쇄 유무를 선택하여 지정할 수 있기 때문에 사용 방법에 따라 같은 효과를 볼 수도 있습니다.

💬 강조점 표시

01 다음과 같이 블록 설정한 후 [서식] 탭–[글자 모양]을 클릭합니다.

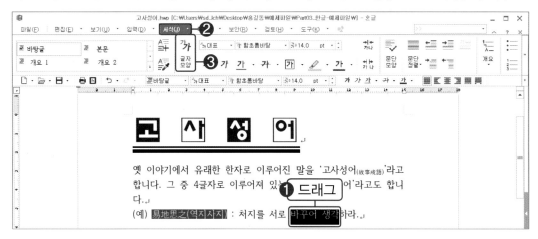

02 [글자 모양] 대화상자가 나타나면 [확장] 탭을 클릭한 후 [강조점]을 ⸚ 모양으로 선택하고 [설정] 버튼을 클릭합니다.

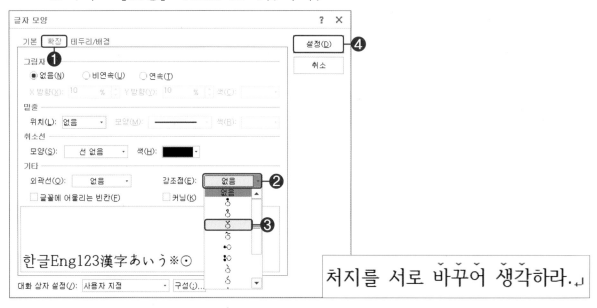

알아두기 **강조점 취소**

강조점 목록에서 '없음'을 선택하면 강조점 설정이 해제됩니다.

활용마당

1 〈조건〉을 참조하여 그림과 같은 문서를 작성한 후 '공지.hwp'로 저장해 봅니다.

〈조건〉
- **기본 글자 속성** : 글꼴(함초롬바탕), 크기(14pt), 글자 색(검정)
- **① 글자 속성** : 글꼴(함초롬돋움), 크기(14pt/25pt), 진하게, 음영 색(빨강/하양), 글자 색(빨강)
- **② 글자 속성** : 글꼴(HY수평선B), 강조점
- **③ 글자 속성** : 진하게
- **④ 글자 속성** : 아래 첨자
- **⑤ 글자 속성** : 위 첨자

❶ **돈**과 **시**간을 **아**껴주는 **포토샵 리터칭** 기술

돈과 시간을 아껴주는 '포토샵'의 저자가 직접 강연하는 세미나에 여러분을 초대합니다. 책에서 다루지 못한 실무에서 유용하게 사용하는 숨겨진 스킬을 공개합니다.

❷ **신청 대상**
선착순 신청자 30명

접수 방법 및 발표 ❹
❸ **접수방법** : 시대인 홈페이지(www.sdedu.co.kr)의 이벤트 페이지에서 신청
발표 : 8월 15일 시대인 홈페이지(www.sdedu.co.kr)의 이벤트 페이지에서 발표 및 개별 모바일 초대장 발송

세미나 장소 및 일시 ❺
장소 : 시대인 교육장 7층
일시 : 8월 20일 오후 2시~6시(3:30~4:00 브레이크^{Break} 타임)

04 문단 꾸미기

01 정렬하기

◎ 예제파일 : 정보화 제전.hwp

01 빈 문서에 다음과 같이 문서를 작성한 후 '정보화 제전.hwp'로 저장합니다.

정보화 제전

하루가 다르게 바뀌어 가는 세상 속에 발 **빠르게** 대처하고 적응하기 위해 정보화 교육이 필요합니다. 이에 정보화 교육 동기 및 성취감을 부여하고자 정보화 제전을 개최합니다.

대회 분야 진하게, 남색
일반부 : 모바일 정보검색, 문서 작성, 그래픽 디자인
어린이부 : 정보검색, 문서 작성, 타자 검정

본 대회는 예선 대회와 본선 대회로 구분됩니다. 예선 대회는 참가 신청하신 분들을 대상으로 온라인으로 진행됩니다.

예선 대회 진하게, 초록
참가 자격 : 대한민국 국민 누구나
접수 기간 : 6월 1일 ~ 6월 15일까지
참가 신청 : 시대교육 홈페이지(www.sdedu.co.kr)에서 신청
예선 방법 및 발표
온라인 예선 : 6월 20일(09:00~17:00) 시대교육 홈페이지 '예선전' 페이지에 접속하여 응시 및 답안 제출
결과 발표 : 6월 30일 시대교육 홈페이지에 게시

함초롬바탕, 12pt

본선 대회는 참가 신청하신 분들 중 예선을 통과한 분들만 본선에 참가할 수 있습니다. 본선 대회는 연령별, 부분별, 조건을 구분하여 진행됩니다.

본선 대회 진하게, 빨강
참가 자격 : 예선 통과자
접수 기간 : 7월 1일 ~ 7월 5일
참가 신청 : 시대교육 홈페이지(www.sdedu.co.kr)에서 신청
본선 일시 및 장소
대회 일시 : 7월 10일 14:00~17:00(참가자는 13:30까지 입장 완료)
대회 장소 : IT 정보 협회 대강당

02 1번째 줄로 커서를 이동한 후 [서식] 도구 상자에서 [가운데 정렬]을 클릭합니다.

알아두기 **정렬 방식**

[서식] 도구 상자를 통해 손쉽게 정렬 방식 변경이 가능합니다.

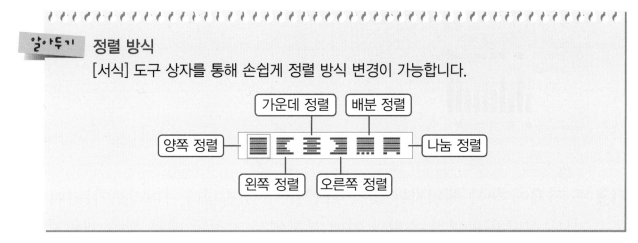

02 문단 배경 꾸미기

01 [서식] 탭–[문단 모양]을 클릭합니다.

알아두기 **바로 가기 키**

[문단 모양] 대화상자의 바로 가기 키는 [Alt]+[T]입니다.

02 [문단 모양] 대화상자가 나타나면 [테두리/배경] 탭을 클릭한 후 [배경]의 [면 색]에서 '노랑'을 선택하고 [설정] 버튼을 클릭합니다.

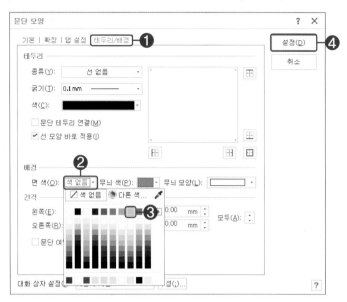

03 줄 전체에 색이 채워지는 것을 확인할 수 있습니다. [미리보기]-[여백 보기]를 설정하면 편집 용지의 여백 부분에는 지정된 배경 색이 채워지지 않은 것을 확인할 수 있습니다.

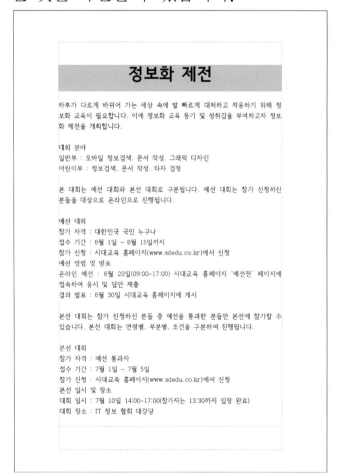

03 줄 간격 지정하기

01 1번째 줄을 클릭하여 커서를 위치한 후 [서식] 탭-[문단 모양]을 클릭합니다.

02 [문단 모양] 대화상자가 나타나면 [줄 간격]에 '100'을 입력한 후 [설정] 버튼을 클릭합니다.

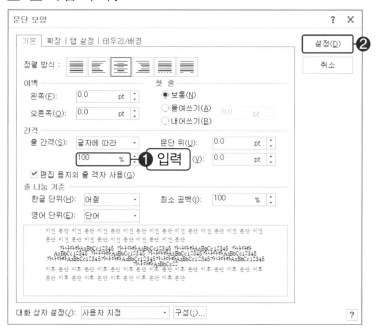

03 문단의 줄 간격을 확인합니다.

01 3번째 줄로 커서를 이동한 후 [서식] 탭-[문단 첫 글자 장식]을 클릭합니다.

알아두기 [문단 첫 글자 장식]은 문단 내 아무 위치에서나 실행하더라도 문단의 첫 글자의 서식만 수정됩니다. 블록이 설정되어 있으면 활성화되지 않습니다.

02 [문단 첫 글자 장식] 대화상자가 나타나면 [2줄]을 선택한 후 [설정] 버튼을 클릭합니다.

알아두기 문단 첫 글자 장식 해제
[문단 첫 글자 장식] 대화상자에서 [없음]을 클릭하면 문단 첫 글자 장식이 해제됩니다.

03 첫 글자만 서식이 바뀐 것을 확인할 수 있습니다.

> 하 루가 다르게 바뀌어 가는 세상 속에 발 빠르게 대처하고 적응하기 위
> 해 정보화 교육이 필요합니다. 이에 정보화 교육 동기 및 성취감을 부
> 여하고자 정보화 제전을 개최합니다.

05 글머리표 및 문단 번호 지정하기

💬 글머리표 지정

01 7~9번째 줄을 드래그하여 블록 설정한 후 [서식] 탭-[글머리표(📋•)]의 펼침 버튼(•)을 클릭합니다. 목록에서 '★' 모양 글머리표를 선택합니다.

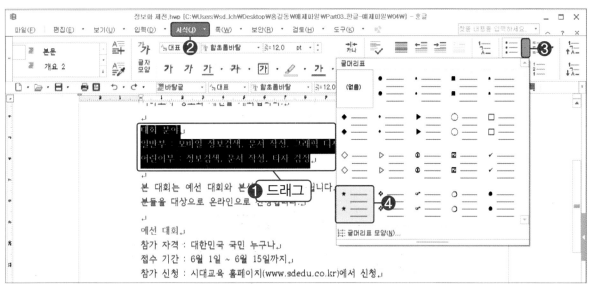

02 8~9번째 줄만 드래그하여 블록 설정한 후 [서식] 탭-[글머리표(📋•)]의 펼침 버튼(•)을 클릭합니다. 목록에서 '☑' 모양의 글머리표를 선택합니다.

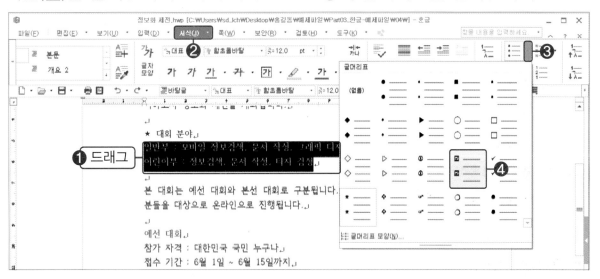

03 Esc 키를 눌러 변경된 사항을 확인합니다.

★ 대회 분야↵
☑ 일반부 : 모바일 정보검색, 문서 작성, 그래픽 디자인↵
☑ 어린이부 : 정보검색, 문서 작성, 타자 검정↵

💬 문단 번호 지정

01 14~21번째 줄을 드래그하여 블록 설정한 후 [서식] 탭-[문단 번호(▥ ⋅)]의 펼침 버튼(⋅)을 클릭합니다. 목록에서 '1. 가. 1) 가' 항목을 선택합니다.

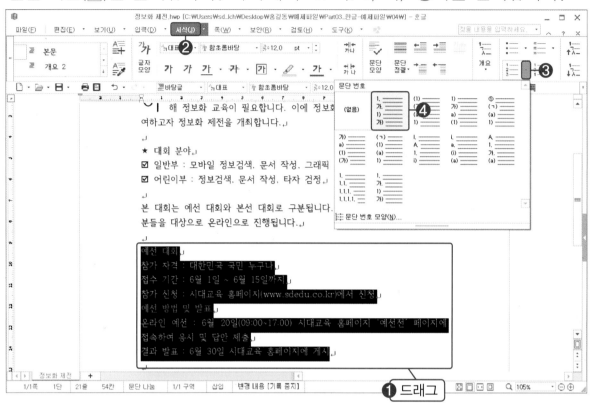

02 연속된 숫자로 문단 번호가 만들어진 것을 확인할 수 있습니다.

> 1. 예선 대회
> 2. 참가 자격 : 대한민국 국민 누구나
> 3. 접수 기간 : 6월 1일 ~ 6월 15일까지
> 4. 참가 신청 : 시대교육 홈페이지(www.sdedu.co.kr)에서 신청
> 5. 예선 방법 및 발표
> 6. 온라인 예선 : 6월 20일(09:00~17:00) 시대교육 홈페이지 '예선전' 페이지
>   에 접속하여 응시 및 답안 제출
> 7. 결과 발표 : 6월 30일 시대교육 홈페이지에 게시

알아두기 글머리표 해제

[서식] 탭-[글머리] 그룹-[글머리표(▤ ⋅)]의 그림 부분(▤)을 클릭하면 해제됩니다.

💬 그림 글머리표 지정

01 14번째 줄로 커서를 이동한 후 [서식] 탭-[그림 글머리표(▤ᵥ)]의 펼침 버튼 (ᵥ)을 클릭합니다. [그림 글머리표 모양]을 선택합니다.

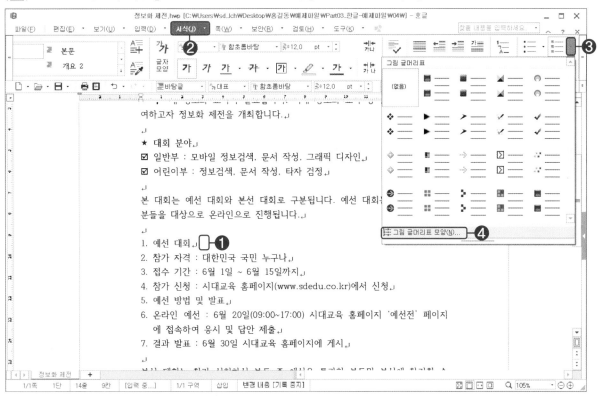

02 [문단 번호/글머리표] 대화상자가 나타나면 목록에서 표현하고 싶은 모양 (여기서는 ✳ 모양)을 찾아 선택한 후 [설정] 버튼을 클릭합니다.

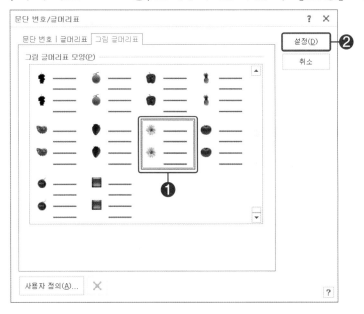

03 15번째 줄의 문단 번호가 새 번호로 자동으로 변경된 것을 확인합니다.

04 18번째 줄로 커서를 이동한 후 같은 방법으로 그림 글머리표 모양을 적용합니다. 19번째 줄의 문단 번호가 새 번호로 자동 변경되지 않은 것을 확인합니다.

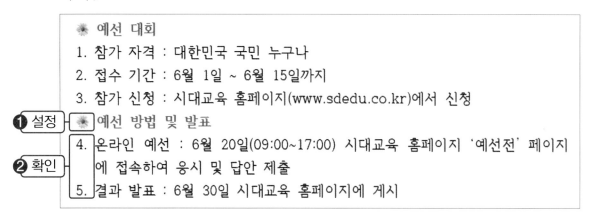

💬 새 번호로 시작

01 19번째 줄로 커서를 이동한 후 [서식] 탭-[문단 번호 새 번호로 시작(▤)]을 클릭합니다.

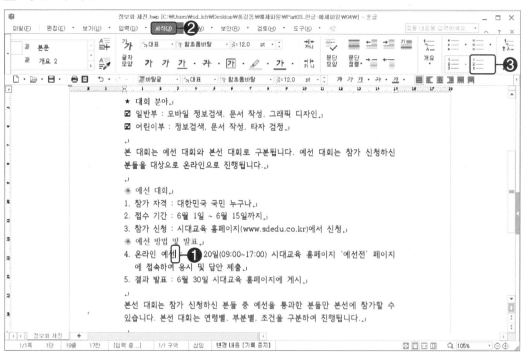

02 19번째 줄의 문단 번호가 새로 시작된 것을 확인합니다.

> ❋ 예선 대회
> 1. 참가 자격 : 대한민국 국민 누구나
> 2. 접수 기간 : 6월 1일 ~ 6월 15일까지
> 3. 참가 신청 : 시대교육 홈페이지(www.sdedu.co.kr)에서 신청
> ❋ 예선 방법 및 발표
> 1. 온라인 예선 : 6월 20일(09:00~17:00) 시대교육 홈페이지 '예선전' 페이지
>   에 접속하여 응시 및 답안 제출
> 2. 결과 발표 : 6월 30일 시대교육 홈페이지에 게시

💬 사용자 정의 모양과 수준 조정

01 26번째 줄로 커서를 이동한 후 ❋ 모양으로 그림 글머리표를 지정합니다. 27~32번째 줄을 드래그하여 블록 설정한 후 [서식] 탭-[문단 번호(≣·)] 의 펼침 버튼(·)을 클릭합니다. [문단 번호 모양]을 선택합니다.

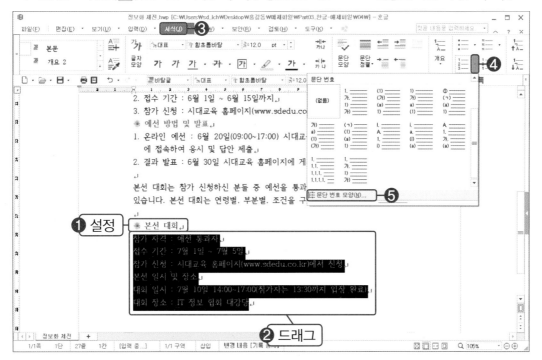

02 [문단 번호/글머리표] 대화상자가 나타나면 표현하고 싶은 모양과 가장 유사한 단계(여기서는 'A. 1. 가, (a)')를 선택한 후 [사용자 정의] 버튼을 클릭합니다.

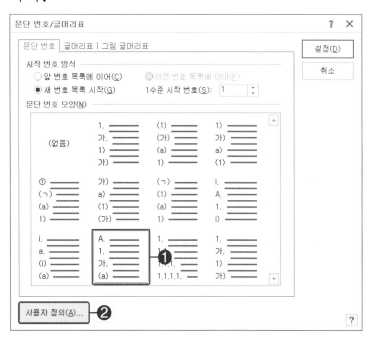

03 [문단 번호 사용자 정의 모양] 대화상자가 나타나면 [수준]의 '2 수준'을 클릭합니다. [번호 서식]에서 '.'은 삭제하고 [번호 모양]에서 '①,②,③'을 선택한 후 [설정] 버튼을 클릭합니다.

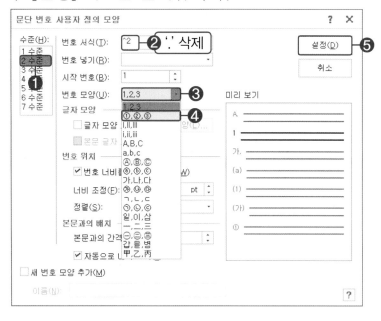

04 다시 [문단 번호/글머리표] 대화상자가 나타나면 [설정] 버튼을 클릭합니다.

05 1 수준의 설정 모양으로만 문단 번호가 나타나 있음을 확인합니다.

06 2 수준으로 설정할 31~32번째 줄을 드래그하여 블록 설정한 후 [서식] 탭-
[한 수준 감소]를 클릭합니다.

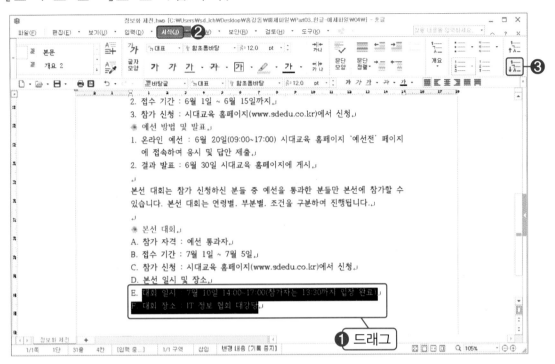

07 문단 번호 모양이 변경된 것을 확인합니다.

> ❁ 본선 대회
>
> A. 참가 자격 : 예선 통과자
>
> B. 접수 기간 : 7월 1일 ~ 7월 5일
>
> C. 참가 신청 : 시대교육 홈페이지(www.sdedu.co.kr)에서 신청
>
> D. 본선 일시 및 장소
>
> ① 대회 일시 : 7월 10일 14:00~17:00(참가자는 13:30까지 입장 완료)
>
> ② 대회 장소 : IT 정보 협회 대강당

알아두기 문단 번호는 1 수준부터 7 수준까지 지정할 수 있습니다. 문단 번호 수준은 Ctrl 키와 함께 키패드의 + 키나 - 키를 눌러 올리거나 내릴 수 있습니다.

눈금자를 이용하여 손쉽게 설정할 수 있습니다. 정확한 값을 지정하려면 [문단 모양] 대화상자를 이용하는 것이 좋습니다.

💬 여백 지정

01 31~32번째 줄을 드래그하여 블록 설정한 후 눈금자의 [문단 왼쪽 여백]을 오른쪽으로 드래그합니다.

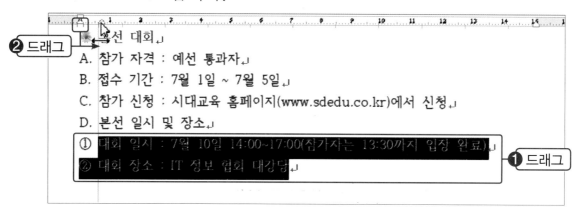

02 드래그한 만큼 문단이 들어간 것을 확인할 수 있습니다.

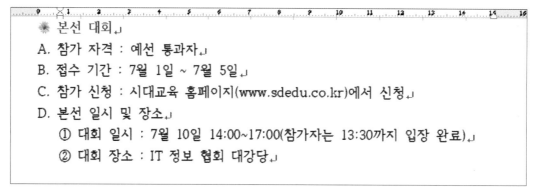

알아두기 눈금자 이용하기

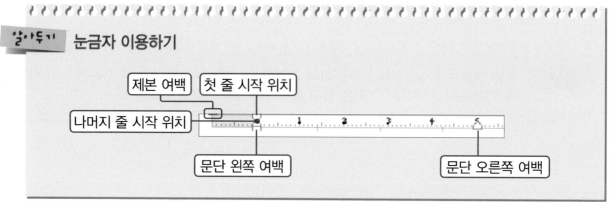

 들여쓰기

01 11번째 줄로 커서를 이동한 후 [서식] 탭–[문단 모양]을 클릭합니다.

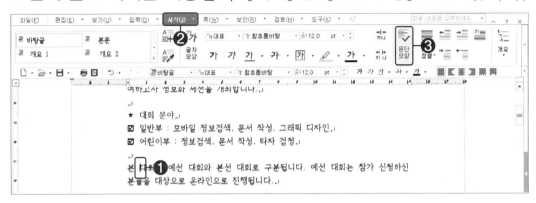

02 [문단 모양] 대화상자가 나타나면 [기본] 탭의 [첫 줄]에서 [들여쓰기]를 선택한 후 '12pt'로 설정하고 [설정] 버튼을 클릭합니다.

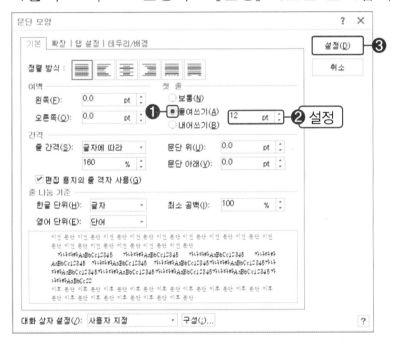

알아두기 여기서는 한 글자만큼 들어간 효과를 내기 위해 현재 글자 크기인 '12pt'를 들여쓰기 값으로 설정하였습니다. 한글일 때는 Space Bar 키를 2번 눌러 빈칸을 삽입해야 같은 효과를 만들 수 있습니다.

03 한 글자만큼 문단의 첫 번째 줄이 들어간 것을 확인할 수 있습니다. 눈금자의 첫 줄 시작 위치가 변경된 것도 확인할 수 있습니다.

> 본 대회는 예선 대회와 본선 대회로 구분됩니다. 예선 대회는 참가 신청하신 분들을 대상으로 온라인으로 진행됩니다.

04 23번째 줄로 커서를 이동한 후 같은 방법으로 들여쓰기를 적용합니다.

> 3. 참가 신청 : 시대교육 홈페이지(www.sdedu.co.kr)에서 신청
> ※ 예선 방법 및 발표
> 1. 온라인 예선 : 6월 20일(09:00~17:00) 시대교육 홈페이지 '예선전' 페이지에 접속하여 응시 및 답안 제출
> 2. 결과 발표 : 6월 30일 시대교육 홈페이지에 게시
>
> 본선 대회는 참개 신청하신 분들 중 예선을 통과한 분들만 본선에 참가할 수 있습니다. 본선 대회는 연령별. 부분별. 조건을 구분하여 진행됩니다.
>
> ※ 본선 대회

알아두기 내어쓰기한 경우

> 본선 대회는 참가 신청하신 분들 중 예선을 통과한 분들만 본선에 참가할 수 있습니다. 본선 대회는 연령별. 부분별. 조건을 구분하여 진행됩니다.

알아두기 [서식] 탭에서 여백 및 첫 줄을 설정하는 경우 1pt씩 조정되므로 세밀한 조정이 필요할 때 사용하도록 합니다.

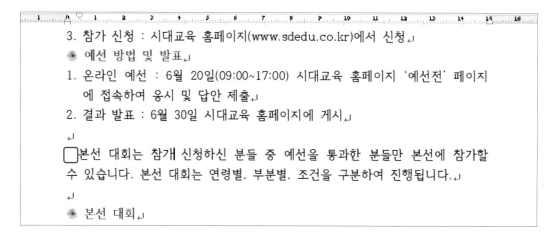

왼쪽 여백 줄이기　　왼쪽 여백 늘리기

첫 줄 들여쓰기　　첫 줄 내어쓰기

활용마당

1 '공지.hwp' 파일을 불러와 〈조건〉을 참조하여 그림과 같은 문서를 작성해 봅니다.

◎ 예제파일 : 공지.hwp

〈조건〉
- ① 가운데 정렬
- ② 문단 첫 글자 장식 : 모양(2줄), 글꼴(궁서), 면 색(노랑)
- ③ 그림 글머리표 사용
- ④ 글머리표 사용
- ⑤ 문단 번호 사용
- ⑥ 줄 간격 130%
- 기타 : 출력 형태에 맞춰 작성

---

❶ **돈**과 **시**간을 **아**껴주는 **포토샵 리터칭** 기술

❷ **돈** 과 시간을 아껴주는 '포토샵'의 저자가 직접 강연하는 세미나에 여러분을 초대합니다. 책에서 다루지 못한 실무에서 유용하게 사용하는 숨겨진 스킬을 공개합니다.

❸ ❖ **신청 대상**
선착순 신청자 30명

▶ **접수 방법 및 발표**
❹ ✓ **접수방법** : 시대인 홈페이지(www.sdedu.co.kr)의 이벤트 페이지에서 신청
✓ **발표** : 8월 15일 시대인 홈페이지(www.sdedu.co.kr)의 이벤트 페이지에서 발표 및 개별 모바일 초대장 발송

▦ **세미나 장소 및 일시**
❺ ① **장소** : 시대인 교육장 7층
② **일시** : 8월 20일 오후 2시~6시(3:30~4:00 브레이크Break 타임)

❻

엑셀 2016

01 엑셀 2016 시작하기

01 엑셀 2016 실행 및 종료

💬 엑셀 2016 실행

01 엑셀 2016을 실행하기 위해 작업 표시줄에서 [시작(⊞)] 버튼을 클릭한 후 [Excel 2016(x⬛)]을 선택합니다.

> **알아두기** 바로 가기 아이콘 이용하기
> 바탕 화면에 바로 가기 아이콘 [Excel 2016(x⬛)]이 있다면 더블 클릭하여 실행할 수 있습니다.

02 Excel 서식 페이지가 나타나면 '새 통합 문서'를 클릭합니다.

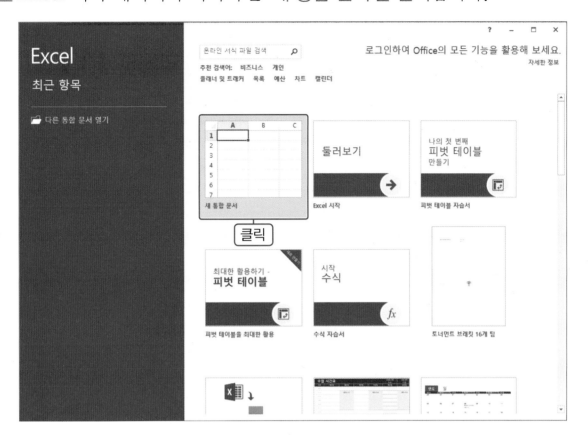

💬 엑셀 2016 종료

화면 오른쪽의 [닫기(×)] 버튼을 클릭하여 엑셀 2016을 종료합니다.

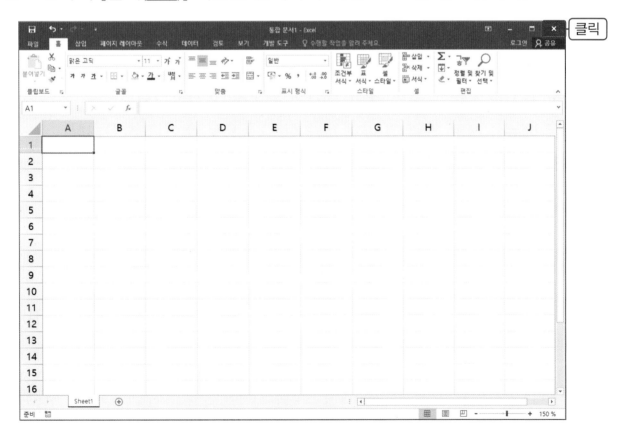

02 엑셀 2016 화면 구성 살펴보기

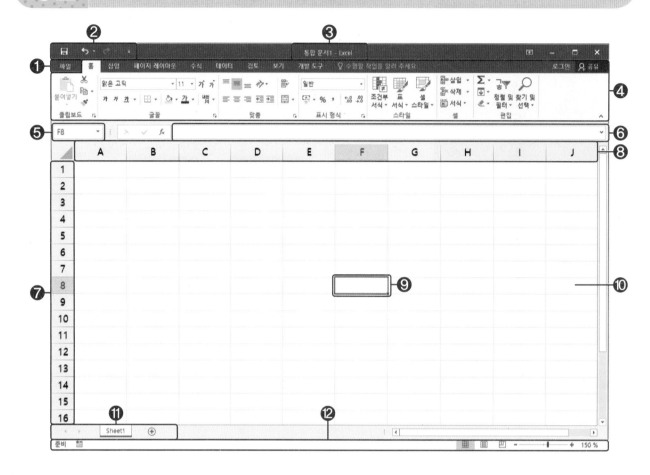

❶ **[파일] 탭** : 엑셀 파일 열기, 저장, 인쇄, 공유, 옵션, 공유, 정보 등 파일을 관리합니다.

❷ **빠른 실행 도구 모음** : 자주 사용하는 도구를 빠르게 실행할 수 있게 아이콘을 모아놓는 곳입니다.

❸ **제목 표시줄** : 현재 작업 중인 문서의 제목을 표시합니다.

❹ **리본 메뉴** : 서로 관련 있는 메뉴를 한 그룹으로 묶어 표시합니다.

❺ **이름 상자** : 작업 중인 셀의 주소나 이름이 나타납니다.

❻ **수식 입력줄** : 현재 셀에 입력한 내용을 표시하고 데이터를 입력하거나 수정할 수 있습니다.

❼ **행 머리글** : 워크시트의 행을 구분하기 위한 번호로 1~1,048,576까지 숫자로 구성되어 있습니다.

❽ **열 머리글** : 워크시트의 열을 구분하기 위한 문자로 A~XFD까지 모두 16,384개의 열로 구성되어 있습니다.

❾ **셀 포인터** : 워크시트에서 작업의 중심이 되는 셀을 굵은 테두리로 나타냅니다.

❿ **워크시트** : 데이터의 입력과 편집, 서식 지정 등 문서를 작성하는 공간이며 셀로 구성되어 있습니다.

⓫ **시트 탭** : 시트 이름이 표시되는 곳으로 시트를 추가하거나 이동 또는 삭제할 수 있습니다.

⓬ **상태 표시줄** : 엑셀 프로그램의 현재 상태가 표시되는 곳으로 보기 변경과 확대/축소 슬라이더를 드래그하여, 화면의 수준을 변경할 수 있으며 데이터의 셀 범위를 지정하면 평균, 개수, 합계 등이 나타납니다.

알아두기 **Excel 옵션**
[파일] 탭–[옵션]에서 화면 설정 및 스타일, 글꼴, 글자 크기 등 사용자가 원하는 엑셀 환경으로 재설정할 수 있습니다.

---

03 엑셀이란?

계산이 필요하고 표 형태의 데이터를 손쉽게 관리하여 계산, 수식 작성, 데이터 분석 등의 기능을 하는 프로그램을 스프레드시트(Spreadsheet)라고 합니다. 엑셀은 마이크로소프트사에서 만든 스프레드시트(Spreadsheet) 프로그램입니다. 실생활에서 가장 많이 사용하는 오피스 프로그램입니다.

💬 새로 만들기

01 [파일] 탭을 클릭합니다.

02 [새로 만들기]를 선택한 후 [새 통합 문서]를 클릭합니다.

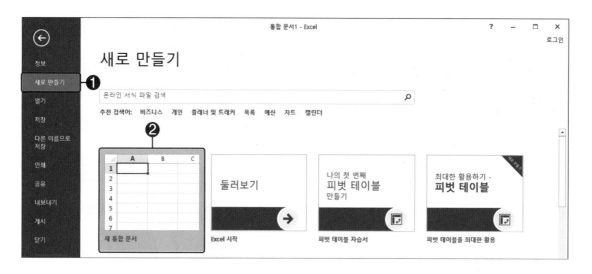

03 '통합 문서2'라는 새로운 문서가 나타납니다.

알아두기 **'새 통합 문서 만들기'의 바로 가기 키**
Ctrl 키를 누른 채 N 키를 누르면 새 통합문서를 만들 수 있습니다.

저장

01 문서를 저장하기 위해 [파일] 탭을 클릭합니다. [다른 이름으로 저장]을 선택
한 후 [찾아보기]를 클릭합니다.

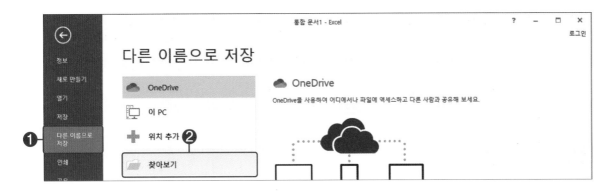

02 [다른 이름으로 저장] 대화상자가 나타나면 [문서]를 클릭하여 저장할 위
치를 지정하고 [파일 이름]에 '테스트'라고 입력한 후 [저장] 버튼을 클릭합
니다.

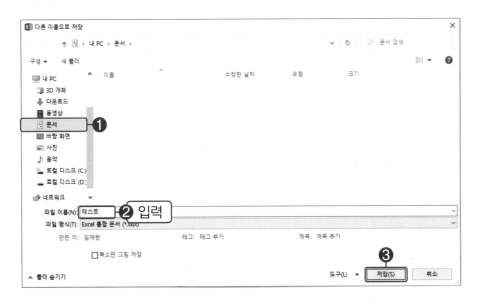

03 저장이 완료되면 제목 표시줄에 '테스트.xlsx'라고 파일 이름이 표시됩니다.

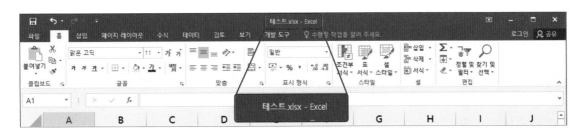

05 저장된 파일 열기

01 문서를 불러오기 위해 [파일] 탭을 클릭합니다.

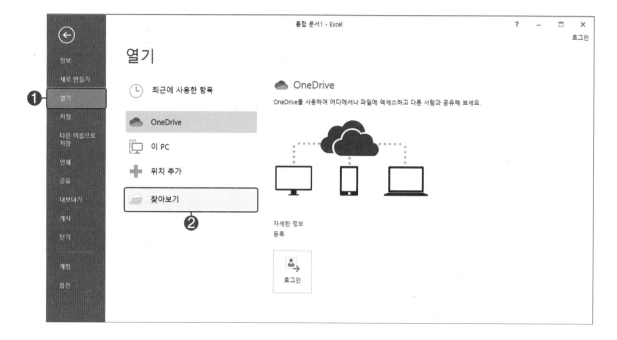

02 [열기]를 선택한 후 [찾아보기]를 클릭합니다.

03 [열기] 대화상자가 나타나면 '테스트' 파일을 선택하고 [열기] 버튼을 클릭합니다. 파일이 실행됩니다.

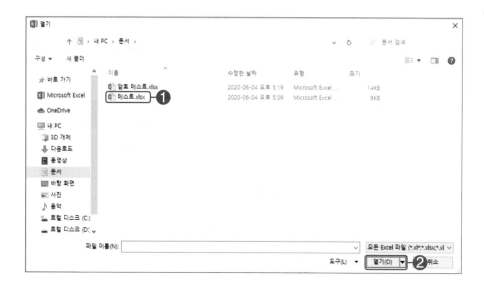

활용마당

1 엑셀 구성 요소의 이름을 입력해 봅니다.

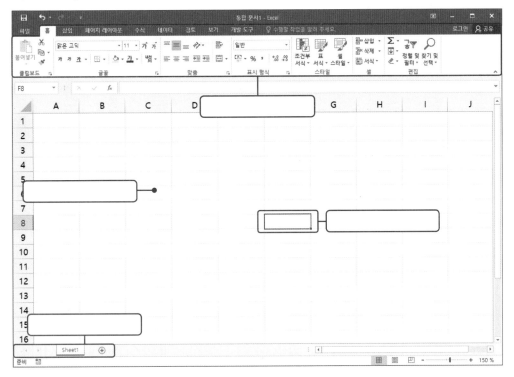

2 엑셀 프로그램을 실행한 후 '연습.xlsx' 파일로 저장해 봅니다.

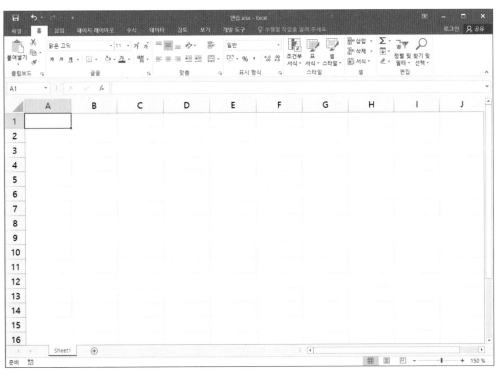

02 데이터 입력하기

한글, 숫자, 기호, 한자 데이터를 입력하는 방법과 자동 채우기 기능을 이용하여 연속적인 데이터를 입력하는 방법 등을 알아보겠습니다.

◎ 예제파일 : 시대여행.xlsx ◎ 결과파일 : 시대여행(완).xlsx

 **문자, 기호 입력하기**

💬 **문자 입력**

01 [파일] 탭–[열기]–[찾아보기]를 클릭하여 [열기] 대화상자에서 '시대여행.xlsx' 파일을 선택한 후 [열기] 버튼을 클릭합니다.

02 [B2] 셀을 클릭한 후 '시대여행'이라 입력합니다. Alt 키를 누른 채 Enter 키를 누릅니다. 그림처럼 커서가 아래로 내려갑니다.

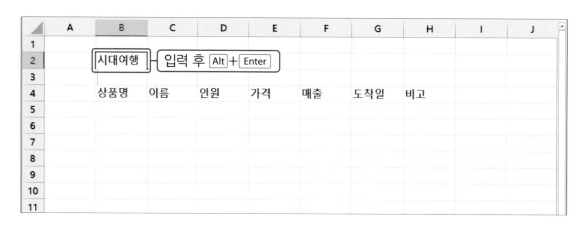

알아두기 **셀 주소**

셀을 구분하고 위치를 쉽게 알기 위해 부여한 주소입니다. 열과 행의 머리글에 있는 문자와 숫자를 조합하여 [B2] 셀, [B3] 셀 등으로 표시합니다.

03 '판매현황'이라 입력하고 Enter 키를 누릅니다. 2줄 이상 입력했을 경우 행의 높이는 자동으로 조정됩니다.

셀 편집 상태에서 Enter 키를 누르면 다음 열의 셀로 넘어가고 Alt 키를 누른 채 Enter 키를 누르면 다음 줄로 넘어갑니다.

04 [B5] 셀을 클릭합니다.

05 [B5] 셀부터 [B8] 셀까지 차례대로 '제주도', '대마도', '금강산', '후쿠오카'라고 입력합니다.

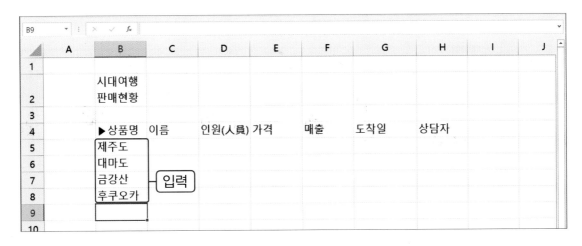

06 [B9] 셀에는 'New York'이라 입력합니다. 키보드의 [한/영] 키를 누르면 한글과 영문 입력 상태를 변경할 수 있습니다.

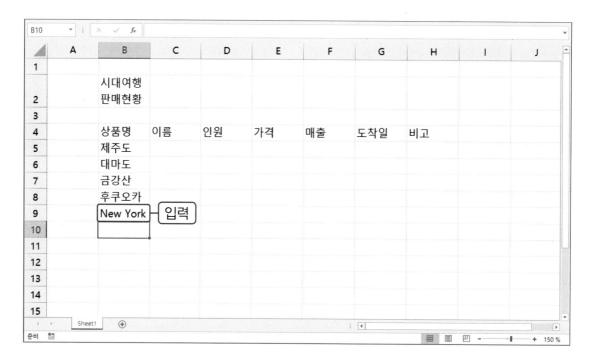

알아두기 영문 대/소문자 입력하기

[Shift] 키를 누른 채 영문을 입력하면 대문자를 입력할 수 있습니다. 또한 [Caps Lock] 키를 눌러 영문 대/소만자만 입력 가능하도록 입력 상태를 변경할 수도 있습니다.

07 같은 방법으로 [C5] 셀부터 [C9] 셀까지 다음과 같이 문자 데이터를 입력합니다.

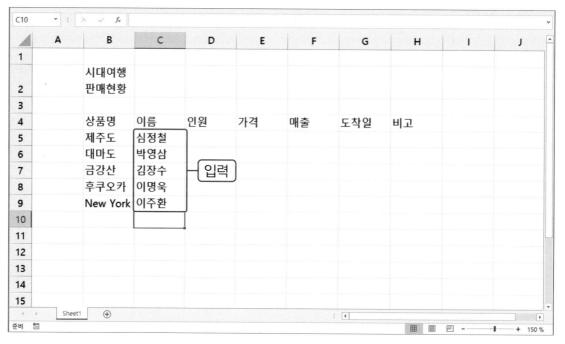

기호 입력

01 '상품명'이 입력된 [B4] 셀을 더블 클릭합니다. 셀 편집 상태가 되면 '상' 글자 앞으로 커서를 이동합니다. [삽입] 탭-[기호] 그룹에서 [기호(Ω)]를 클릭합니다.

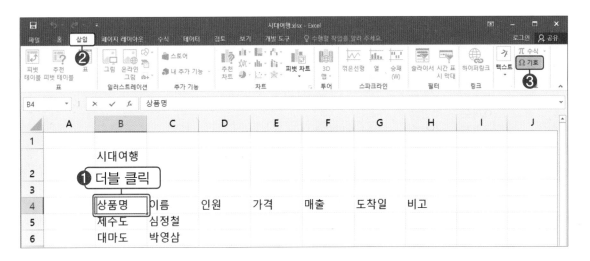

02 [기호] 대화상자가 나타나면 [하위 집합]을 [도형 기호]로 설정합니다. 목록에서 '▶'를 선택한 후 [삽입] 버튼을 클릭합니다. 기호가 삽입되면 [취소] 버튼이 [닫기] 버튼으로 변경됩니다. [닫기] 버튼을 클릭합니다.

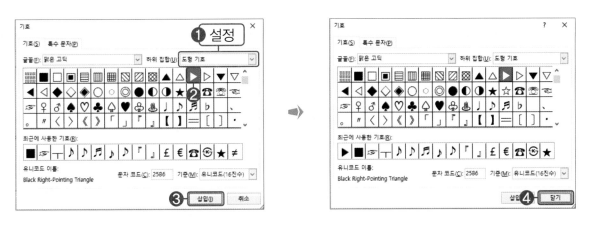

03 다음과 같이 기호 데이터인 '▶'가 입력됩니다.

02 숫자 입력하기

01 [E5] 셀에 '350000'이라 입력한 후 Enter 키를 누릅니다.

	A	B	C	D	E	F	G	H	I	J
1										
2		시대여행 판매현황								
3										
4		▶상품명	이름	인원	가격	매출	도착일	비고		
5		제주도	심정철		350000					
6		대마도	박영삼							
7		금강산	김장수		입력 후 Enter					
8		후쿠오카	이명욱							
9		New York	이주환							
10										

02 [E9] 셀까지 다음과 같이 숫자 데이터를 입력합니다.

	A	B	C	D	E	F	G	H	I	J
1										
2		시대여행 판매현황								
3										
4		▶상품명	이름	인원	가격	매출	도착일	비고		
5		제주도	심정철		350000					
6		대마도	박영삼		240000					
7		금강산	김장수		330000	입력				
8		후쿠오카	이명욱		1250000					
9		New York	이주환		4400000					
10										

03 같은 방법으로 [D5] 셀부터 [D9] 셀까지 다음과 같이 숫자 데이터를 입력합니다.

	A	B	C	D	E	F	G	H	I	J
1										
2		시대여행 판매현황								
3										
4		▶상품명	이름	인원	가격	매출	도착일	비고		
5		제주도	심정철	4	350000					
6		대마도	박영삼	3	240000					
7		금강산	김장수	8	입력					
8		후쿠오카	이명욱	2	1250000					
9		New York	이주환	4	4400000					
10										

03 한자 입력하기

01 [D4] 셀을 더블 클릭하여 셀 편집 상태가 되면 [한자] 키를 누릅니다.

	A	B	C	D	E	F	G	H	I	J
1										
2		시대여행		**더블 클릭 후** [한자]						
3		판매현황								
4		▶상품명	이름	인원	가격	매출	도착일	비고		
5		제주도	심정철	4	350000					
6		대마도	박영삼	3	240000					
7		금강산	김장수	8	330000					
8		후쿠오카	이명욱	2	1250000					
9		New York	이주환	4	4400000					
10										

02 [한글/한자 변환] 대화상자가 나타나면 [人員]을 선택한 후 [입력 형태]에서 '한글(漢字)'를 선택하고 [변환] 버튼을 클릭합니다.

03 다음과 같이 '인원'이 '인원(人員)'으로 바뀐 것을 확인할 수 있습니다.

	A	B	C	D	E	F	G	H	I	J
1										
2		시대여행								
3		판매현황								
4		▶상품명	이름	인원(人員)	가격	매출	도착일	비고		
5		제주도	심정철	4	350000					
6		대마도	박영삼	3	240000					
7		금강산	김장수	8	330000					
8		후쿠오카	이명욱	2	1250000					
9		New York	이주환	4	4400000					
10										

04 날짜 입력하기

01 날짜 데이터를 입력하기 위해 [G5] 셀을 클릭합니다.

	A	B	C	D	E	F	G	H	I	J
1										
2		시대여행 판매현황								
3										
4		▶상품명	이름	인원(人員)	가격	매출	도착일	비고		
5		제주도	심정철	4	350000			클릭		
6		대마도	박영삼	3	240000					
7		금강산	김장수	8	330000					
8		후쿠오카	이명욱	2	1250000					
9		New York	이주환	4	4400000					

02 [G5] 셀에 '2022-04-03'이라 입력하고 Enter 키를 누릅니다. 다음과 같이 날짜 데이터가 입력됩니다.

	A	B	C	D	E	F	G	H	I	J
1										
2		시대여행 판매현황								
3										
4		▶상품명	이름	인원(人員)	가격	매출	도착일	비고		
5		제주도	심정철	4	350000		2022-04-03			
6		대마도	박영삼	3	240000					
7		금강산	김장수	8	330000		입력 후 Enter			
8		후쿠오카	이명욱	2	1250000					
9		New York	이주환	4	4400000					

03 같은 방법으로 [G9] 셀까지 날짜 데이터를 입력합니다.

	A	B	C	D	E	F	G	H	I	J
1										
2		시대여행 판매현황								
3										
4		▶상품명	이름	인원(人員)	가격	매출	도착일	비고		
5		제주도	심정철	4	350000		2022-04-03			
6		대마도	박영삼	3	240000		2022-05-18			
7		금강산	김장수	8	330000		2022-04-19	입력		
8		후쿠오카	이명욱	2	1250000		2022-03-17			
9		New York	이주환	4	4400000		2022-02-04			
10										

05 수식 입력하기

01 수식을 입력할 경우에는 등호(=)를 먼저 입력해야 합니다. 만일 등호(=)를 입력하지 않으면 수식 데이터가 아닌 문자 데이터로 인식합니다. [F5] 셀을 클릭한 후 '=D5*E5'라고 입력합니다.

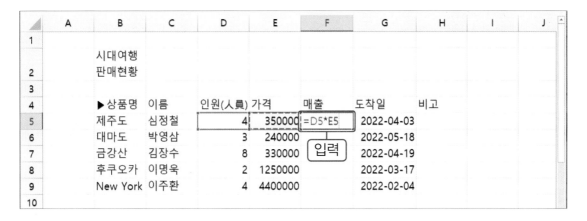

02 수식이 정확하게 입력되었는지 확인한 후 Enter 키를 누릅니다. 수식이 계산되어 결과 값이 다음과 같이 표시됩니다.

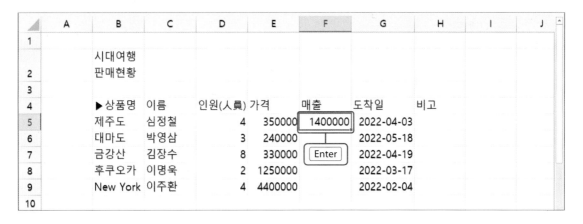

알아두기 수식 입력 시 셀 주소를 키보드로 입력하지 않고 직접 셀을 클릭해도 셀 주소가 입력됩니다.

01 [H4] 셀을 클릭한 후 Delete 키를 누릅니다.

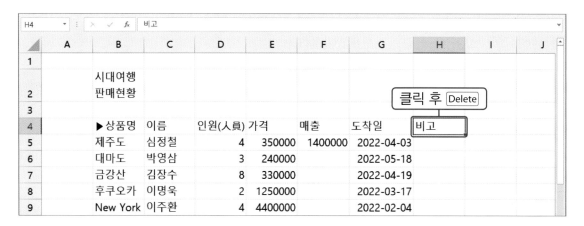

02 [B9] 셀을 클릭한 후 F2 키를 눌러 셀 편집 상태로 변경되면 Back Space 키를 눌러 내용을 삭제합니다.

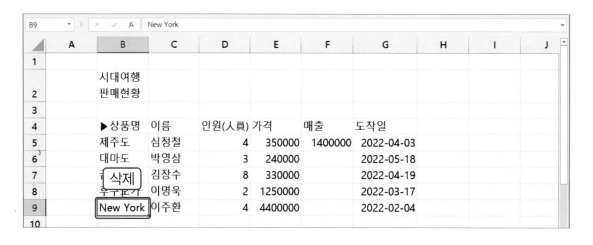

03 'New York'이 지워지면 '이스탄불'이라 입력하여 데이터를 수정합니다.

07 데이터 자동 채우기

💬 연속 데이터 채우기

01 다음과 같이 [H4] 셀과 [H5] 셀에 데이터를 입력합니다.

02 [H5] 셀을 클릭한 후 채우기 핸들(▬┃)에 마우스를 가져가 마우스 커서 모양이 **+**가 되면 [H9] 셀까지 드래그합니다.

	A	B	C	D	E	F	G	H	I	J
1										
2		시대여행 판매현황								
3										
4		▶상품명	이름	인원(人員)	가격	매출	도착일	상담코드 ❶		
5		제주도	심정철	4	350000	1400000	2022-04-03	A101 ❷ 드래그		
6		대마도	박영삼	3	240000		2022-05-18			
7		금강산	김장수	8	330000		2022-04-19			
8		후쿠오카	이명욱	2	1250000		2022-03-17			
9		이스탄불	이주환	4	4400000		2022-02-04	A105		

알아두기 선택한 셀의 오른쪽 아래의 볼록한 점을 채우기 핸들(▬┃)이라 합니다. 셀에 입력한 데이터에 따라 채우기 핸들을 드래그하면 자동으로 값을 채울 수 있습니다.

03 다음과 같이 자동으로 증가된 데이터가 입력된 것을 확인할 수 있습니다.

	A	B	C	D	E	F	G	H	I	J
1										
2		시대여행 판매현황								
3										
4		▶상품명	이름	인원(人員)	가격	매출	도착일	상담코드		
5		제주도	심정철	4	350000	1400000	2022-04-03	A101		
6		대마도	박영삼	3	240000		2022-05-18	A102		
7		금강산	김장수	8	330000		2022-04-19	A103		
8		후쿠오카	이명욱	2	1250000		2022-03-17	A104		
9		이스탄불	이주환	4	4400000		2022-02-04	A105		

💬 동일한 데이터 채우기

01 다음과 같이 [H4] 셀과 [H5] 셀에 데이터를 입력합니다.

02 [H5] 셀을 클릭한 후 Ctrl 키를 누른 채 채우기 핸들(⊟)에 마우스를 가져가 마우스 커서 모양이 ✚가 되면 [H9] 셀까지 드래그합니다.

알아두기 키보드의 Ctrl 키를 누른 채 채우기 핸들(⊟)에 마우스를 가져가면 마우스 커서의 모양이 ✚에서 ✚ 모양으로 바뀌게 됩니다.

03 다음과 같이 동일한 데이터가 입력된 것을 확인할 수 있습니다.

💬 자동 채우기 옵션 사용하기

01 다음과 같이 [H4] 셀과 [H5] 셀에 데이터를 입력합니다.

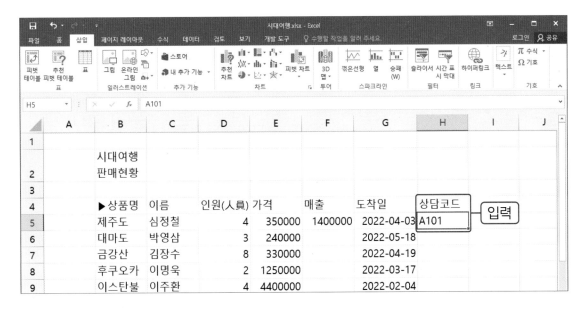

02 [H5] 셀을 클릭한 후 채우기 핸들(┛)에 마우스를 가져가 마우스 커서 모양이 ✚가 되면 [H9] 셀까지 드래그합니다.

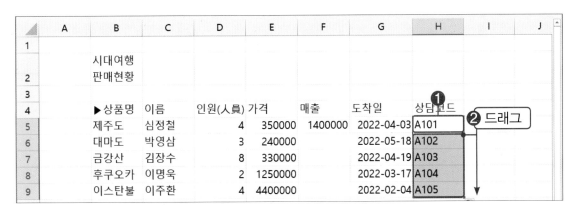

03 [자동 채우기 옵션(🖳)]을 클릭하고 '연속 데이터 채우기' 옵션을 선택해 자동 채우기를 실행합니다.

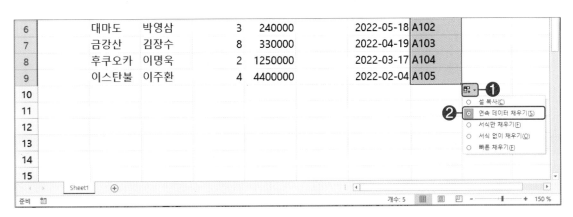

💬 문자 연속 채우기

01 다음과 같이 [H4] 셀과 [H5] 셀에 문자 데이터를 입력합니다.

02 [H5] 셀을 클릭한 후 채우기 핸들(┲)에 마우스를 가져가 마우스 커서 모양이 ➕ 가 되면 [H9] 셀까지 드래그합니다.

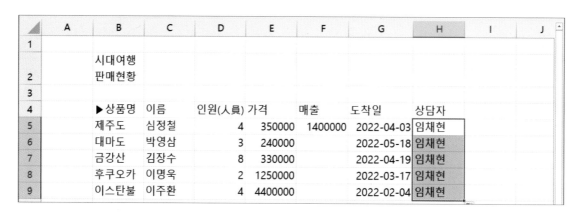

03 다음과 같이 동일한 문자 데이터가 입력된 것을 확인할 수 있습니다.

	A	B	C	D	E	F	G	H	I	J
1										
2		시대여행 판매현황								
3										
4		▶상품명	이름	인원(人員)	가격	매출	도착일	상담자		
5		제주도	심정철	4	350000	1400000	2022-04-03	임채현		
6		대마도	박영삼	3	240000		2022-05-18	임채현		
7		금강산	김장수	8	330000		2022-04-19	임채현		
8		후쿠오카	이명욱	2	1250000		2022-03-17	임채현		
9		이스탄불	이주환	4	4400000		2022-02-04	임채현		

💬 수식 자동으로 채우기

01 [F5] 셀을 클릭한 후 채우기 핸들(▪)에 마우스를 가져가 마우스 커서 모양이 ➕가 되면 [F9] 셀까지 드래그합니다.

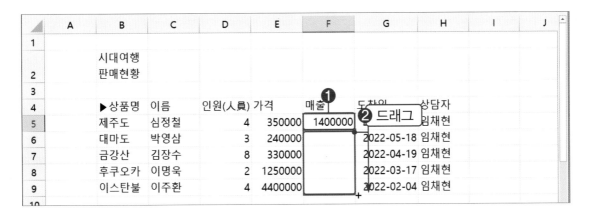

02 수식의 열 숫자가 자동으로 1씩 증가 되어 수식이 알맞게 변경되어 데이터가 입력됩니다.

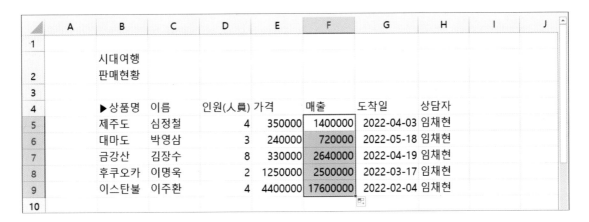

알아두기 숫자 데이터 자동 채우기

숫자 데이터에 ➕ 채우기 핸들(▪)에 마우스를 드래그하면 문자 데이터와 같이 동일한 데이터 값만을 채우지만, 마우스 커서가 ➕인 상태로 드래그하면 숫자 값이 1씩 증가되어 채워집니다.

활용마당

◎ 결과파일 : 시험일정(완).xlsx

1 다음과 같이 데이터를 입력해 봅니다.

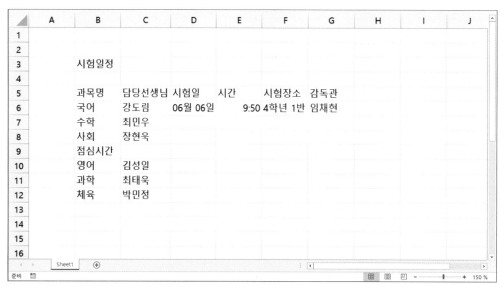

	A	B	C	D	E	F	G	H	I	J
1										
2										
3		시험일정								
4										
5		과목명	담당선생님	시험일	시간	시험장소	감독관			
6		국어	강도림	06월 06일		9:50	4학년 1반	임채현		
7		수학	최민우							
8		사회	장현욱							
9		점심시간								
10		영어	김성일							
11		과학	최태욱							
12		체육	박민정							
13										
14										
15										
16										

2 [D6] 셀, [E6] 셀, [F6] 셀, [G6] 셀을 각각 선택하여 다음과 같이 값이 나오도록 채우기 핸들(┼)을 활용하여 자동 채우기를 실행해 봅니다.

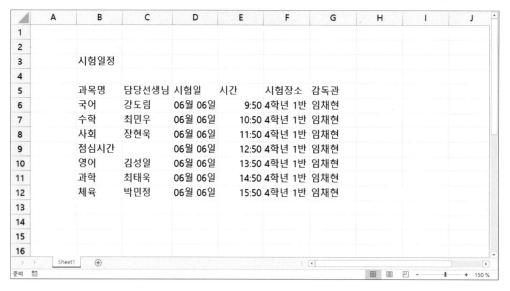

	A	B	C	D	E	F	G	H	I	J
1										
2										
3		시험일정								
4										
5		과목명	담당선생님	시험일	시간	시험장소	감독관			
6		국어	강도림	06월 06일	9:50	4학년 1반	임채현			
7		수학	최민우	06월 06일	10:50	4학년 1반	임채현			
8		사회	장현욱	06월 06일	11:50	4학년 1반	임채현			
9		점심시간		06월 06일	12:50	4학년 1반	임채현			
10		영어	김성일	06월 06일	13:50	4학년 1반	임채현			
11		과학	최태욱	06월 06일	14:50	4학년 1반	임채현			
12		체육	박민정	06월 06일	15:50	4학년 1반	임채현			
13										
14										
15										
16										

 채우기 핸들을 사용하여 값이 원하는 데로 나오지 않는다면 Ctrl 키를 활용하거나 자동 채우기 옵션을 사용해 봅니다.

03 행, 열 편집하기

셀의 너비와 높이를 조절하고 셀 삽입, 삭제, 숨기기 등 셀을 편집하는 방법에 대해 알아보겠습니다.

◎ 예제파일 : 매표소.xlsx ◎ 결과파일 : 매표소(완).xlsx

01 셀 삽입, 삭제하기

💬 셀 삽입하기

【방법 1】: 리본 메뉴 이용하기

01 다음과 같이 데이터를 입력합니다.

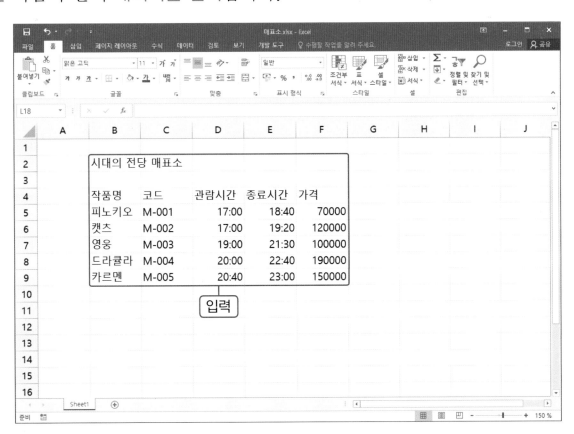

02 행을 삽입하기 위해 마우스로 8행 머리글을 클릭하고 [홈] 탭-[셀] 그룹에서 [삽입(圃)]을 클릭합니다.

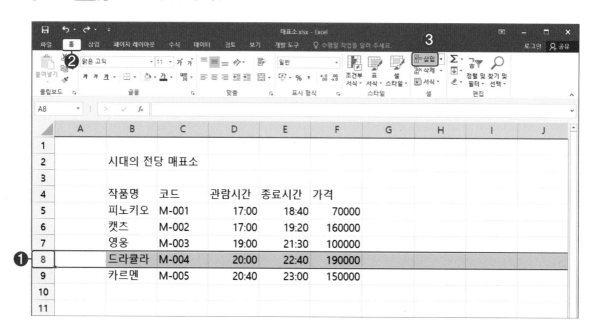

03 다음과 같이 기존의 8행이 9행으로 밀리면서 새로운 행이 삽입됩니다.

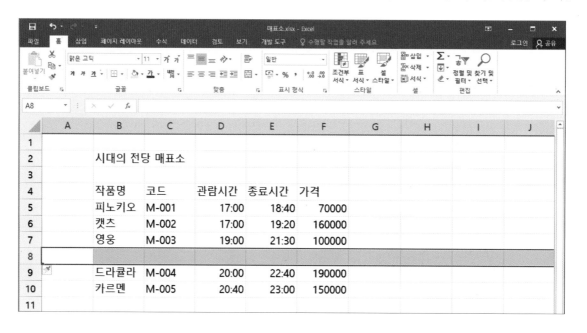

알아두기 **'삽입' 바로 가기 키**
열 머리글이나 행 머리글을 선택하고 Ctrl 키를 누른 채 + 키를 누르면 새로운 열이나 행을 삽입할 수 있습니다. 또한 머리글이 아닌 셀을 선택한 채로 Ctrl + + 키를 누르면 [삽입] 대화상자가 나타납니다.

04 새로 만들어진 8행에 다음과 같이 데이터를 입력합니다.

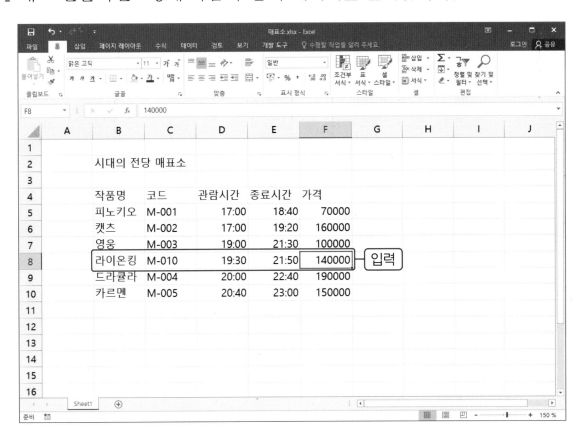

【방법 2】 : 마우스 오른쪽 버튼 이용하기

01 열을 삽입하기 위해 C열 머리글을 마우스 오른쪽 버튼으로 클릭한 후 [삽입] 을 선택합니다.

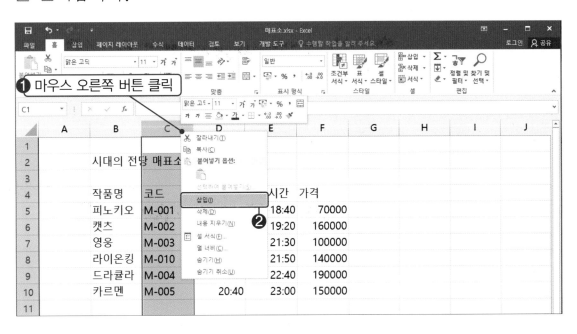

02 새로 만들어진 C열에 다음과 같이 데이터를 입력합니다.

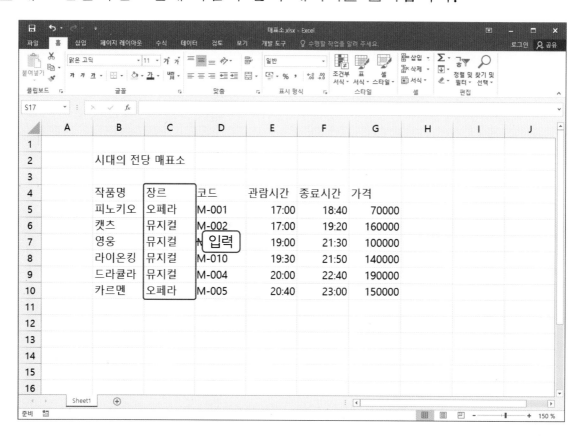

💬 셀 삭제하기

【방법 1】: 리본 메뉴 이용하기

01 6행을 삭제하기 위해 6행 머리글을 클릭하고 [홈] 탭-[셀] 그룹에서 [삭제(🗔)]를 클릭합니다.

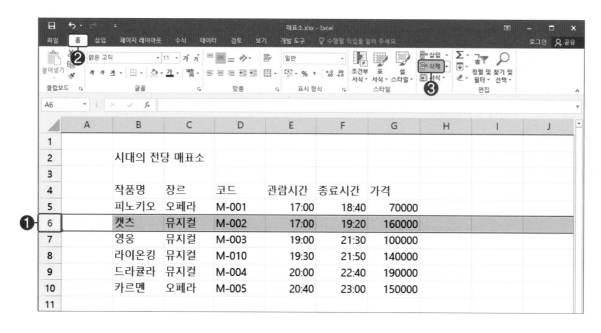

02 기존의 6행의 내용이 삭제되고 7행의 내용이 6행으로 바뀌었습니다.

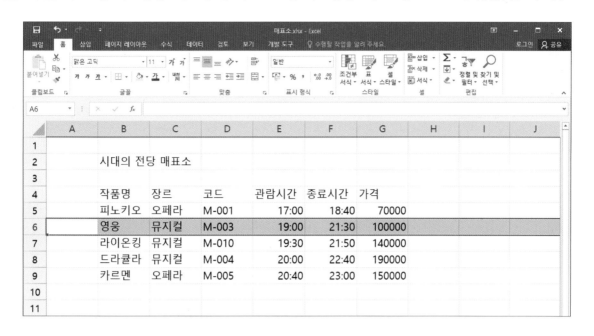

【방법 2】 : 마우스 오른쪽 버튼 이용하기

01 D열을 삭제하기 위해 D열 머리글을 마우스 오른쪽 버튼으로 클릭한 후 [삭제]를 선택합니다.

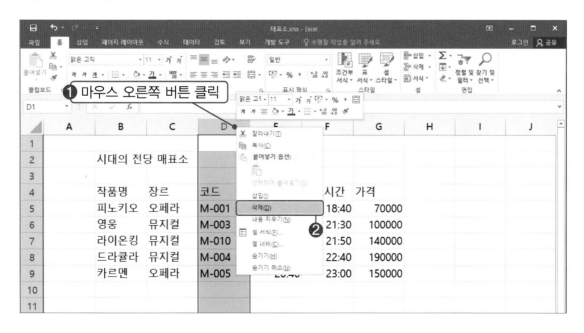

02 기존의 D열의 내용이 삭제되고 E열의 내용이 D열로 바뀌었습니다.

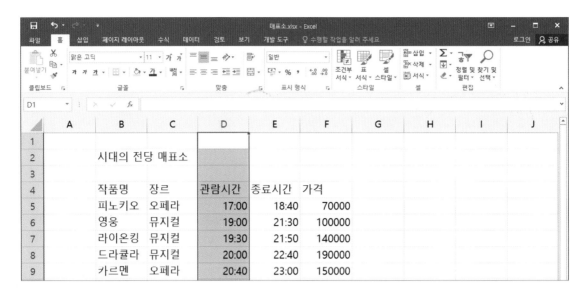

02 잘라내기

01 F열 머리글을 클릭하고 [홈] 탭–[클립보드] 그룹에서 [잘라내기(✂)]를 클릭합니다.

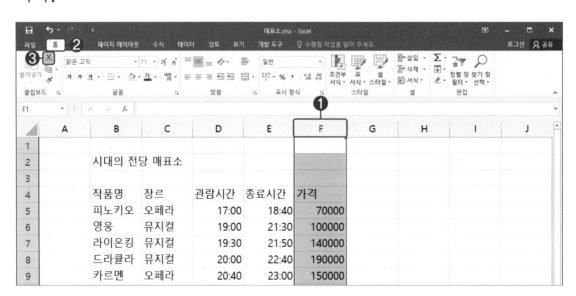

알아두기 **잘라내기와 복사하기**

- 잘라내기는 데이터를 복사하며 붙여넣기를 실행할 시 기존에 있던 데이터를 삭제합니다.
- 복사하기는 데이터를 복사하여 붙여넣기를 실행하더라도 기존의 데이터를 유지합니다.
- '잘라내기' 바로 가기 키 : Ctrl+X
- '복사하기' 바로 가기 키 : Ctrl+C

02 D열 머리글을 클릭하고 [홈] 탭-[셀] 그룹에서 [삽입(📋)]의 ▾을 클릭하고 [잘라낸 셀 삽입]을 선택합니다.

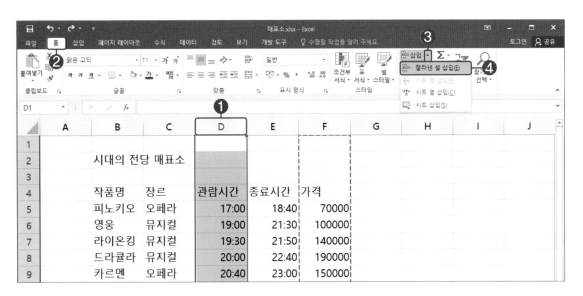

03 F열의 내용이 D열로 이동되면서 기존의 D열과 E열의 데이터가 E열과 F열로 이동되었습니다.

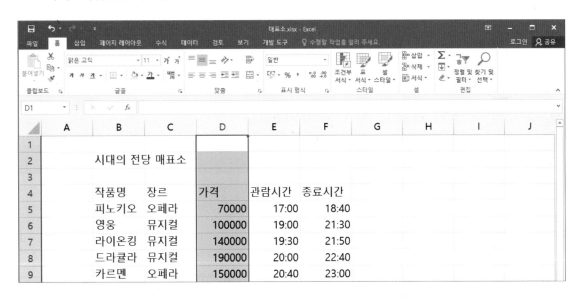

알아두기 **붙여넣기**

잘라내기나 복사하기를 통해 복사한 데이터를 그대로 이동하는 기능입니다. 바로 가기 키는 Ctrl + V 입니다.

【방법 1】: 머리글 이용하기

01 A열의 너비를 조정하기 위해 A열 머리글과 B열 머리글의 경계 부분에 마우스 포인터를 이동합니다. 마우스 포인터 모양이 ✛ 가 되면 마우스를 왼쪽으로 드래그하여 너비를 조정합니다.

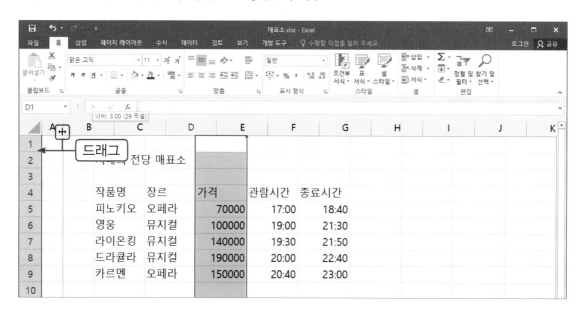

02 열 너비를 조정한 A열을 확인합니다.

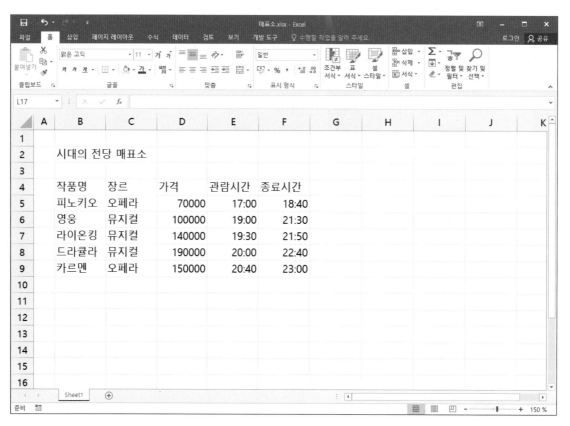

03 1행의 높이를 조정하기 위해 1행 머리글과 2행 머리글의 경계 부분에 마우스 포인터를 이동합니다. 마우스 포인터 모양이 ‡가 되면 마우스를 위로 드래그하여 높이를 조정합니다.

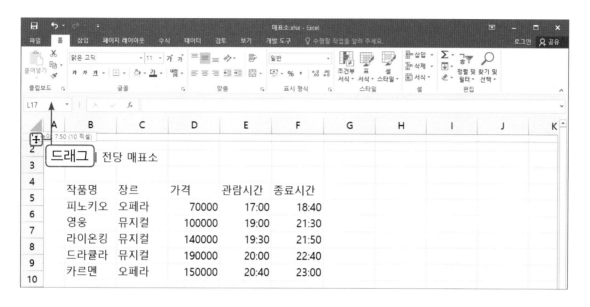

04 행 높이를 조정한 1행을 확인합니다.

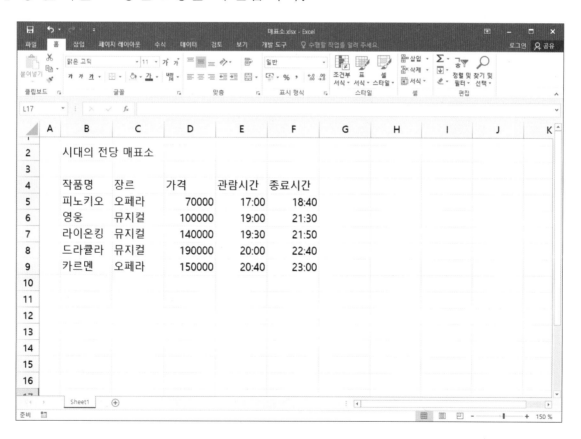

【방법 2】: 값 입력하기

01 A열의 너비를 설정하기 위해 A열 머리글을 마우스 오른쪽 버튼으로 클릭한 후 [열 너비]를 선택합니다. [열 너비] 대화상자가 나타나면 '1'을 입력하고 [확인] 버튼을 클릭합니다.

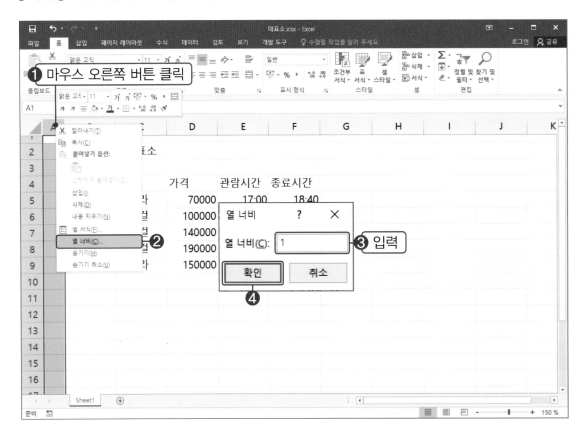

02 열 너비를 조정한 A열을 확인합니다.

04 행, 열 숨기기

💬 숨기기

【방법 1】: 리본 메뉴 이용하기

01 8행을 숨기기 위해 8행 머리글을 클릭합니다. [홈] 탭-[셀] 그룹에서 [서식 (📋)]을 클릭하고 [숨기기 및 숨기기 취소]-[행 숨기기]를 선택합니다.

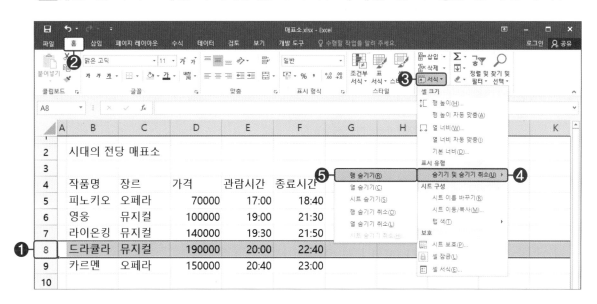

02 8행이 숨겨져 화면에 나타나지 않습니다.

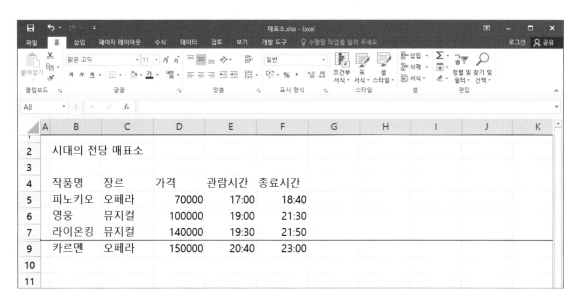

> 🔖 **알아두기** 숨기고자 하는 행이나 열의 머리글을 마우스 오른쪽 버튼으로 클릭한 후 [숨기기]를 선택해도 숨기기할 수 있습니다.

【방법 2】: 열 너비를 0으로 만들기

01 C열 머리글을 클릭합니다. [홈] 탭–[셀] 그룹에서 [서식(▦)]을 클릭하고 [열 너비]를 선택합니다. [열 너비] 대화상자가 나타나면 '0'을 입력하고 [확인] 버튼을 클릭합니다.

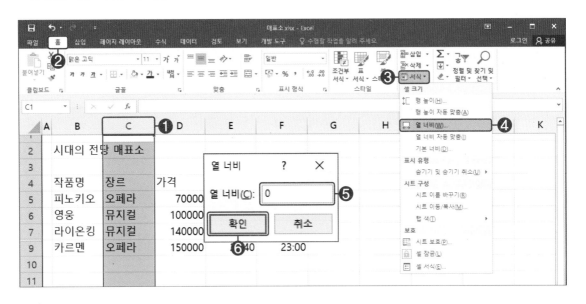

02 C열이 숨겨져 화면에 나타나지 않습니다.

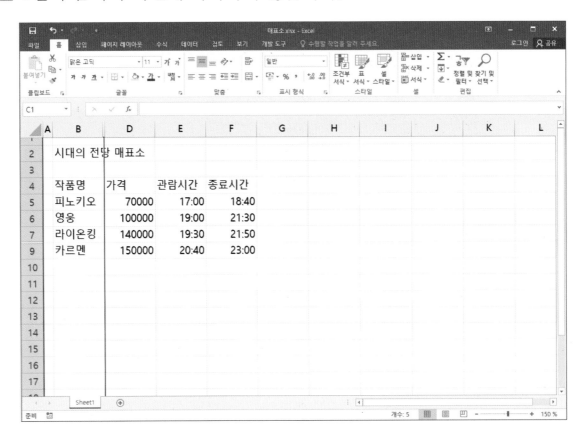

💬 숨기기 취소

【방법 1】: 리본 메뉴 이용하기

01 숨긴 8행을 나타내기 위해 7행과 9행 드래그하여 동시에 선택합니다. [홈] 탭-[셀] 그룹에서 [서식(📋)]을 클릭하고 [숨기기 및 숨기기 취소]-[행 숨기기 취소]를 선택합니다.

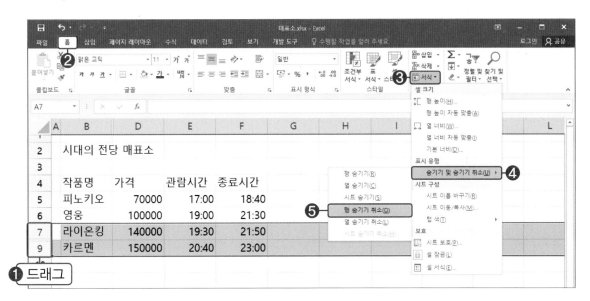

02 숨긴 8행이 다시 화면에 나타납니다.

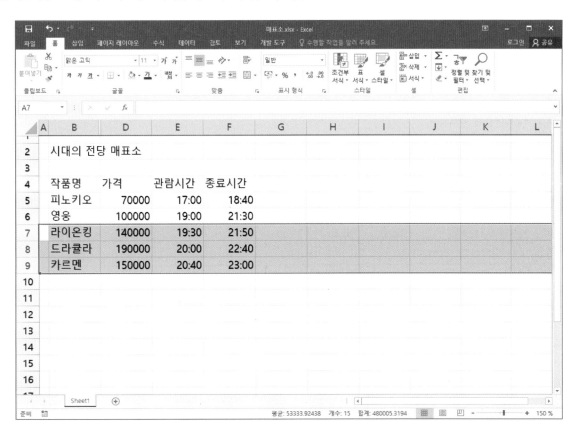

【방법 2】: 머리글 이용하기

01 숨겨진 C열을 나타나기 위해 B열과 D열 사이의 경계선에 마우스 포인터를 이동합니다. 마우스 포인터가 ⊷ 모양이 되면 마우스를 오른쪽으로 드래그 합니다.

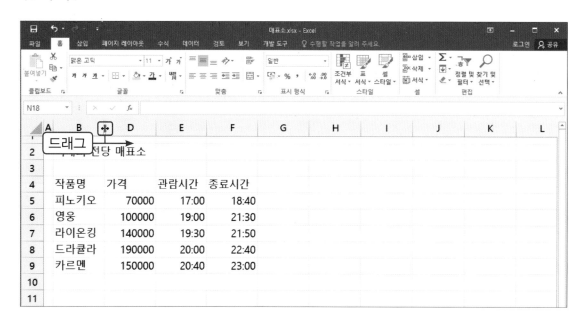

02 숨겨져 있던 C열이 나타납니다.

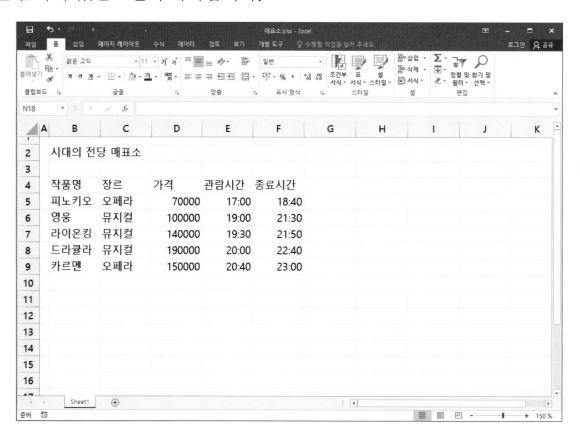

◎ 예제파일 : 장기자랑.xlsx ◎ 결과파일 : 장기자랑(완).xlsx

1 '장기자랑.xlsx'파일을 불러와 잘라내기와 붙여넣기를 활용하여 다음과 같이 파일을 수정해 봅니다.

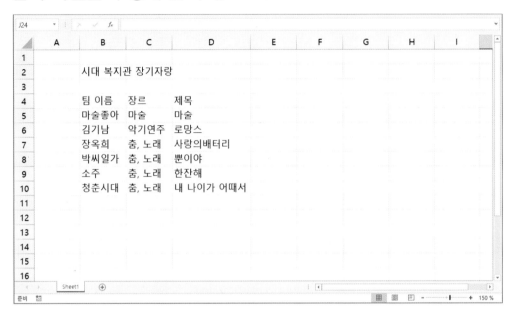

2 5행을 삭제한 후 D열을 추가하고 너비를 2로 조정해 봅니다.

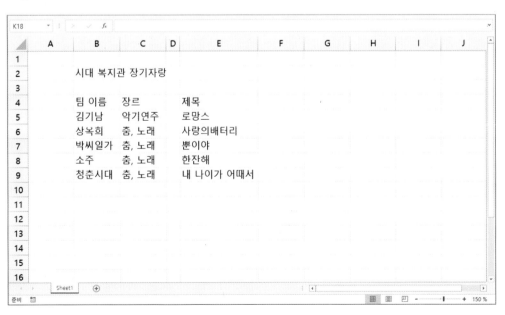

04 서식 적용하기

글꼴, 테두리, 채우기, 표시 형식 등 셀을 편집하는 방법에 대해 알아보겠습니다.

◎ 예제파일 : 싱싱수산.xlsx ◎ 결과파일 : 싱싱수산(완).xlsx

01 글꼴 꾸미기

【방법 1】: 리본 메뉴 이용하기

01 다음과 같이 데이터를 입력한 후 글꼴을 변경하기 위해 [B2] 셀을 클릭합니다.

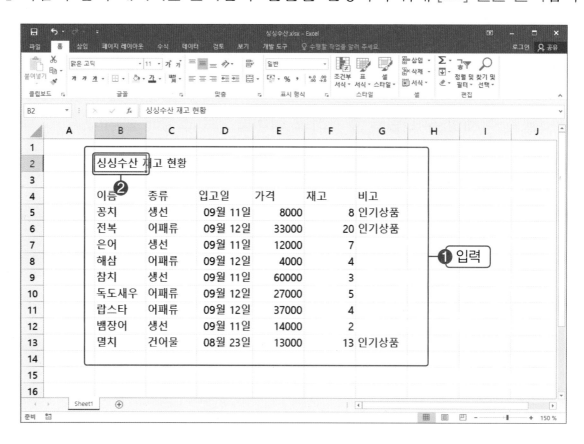

02 [홈] 탭-[글꼴] 그룹에서 [글꼴]의 █을 클릭하고 'HY동녘B'를 선택합니다.

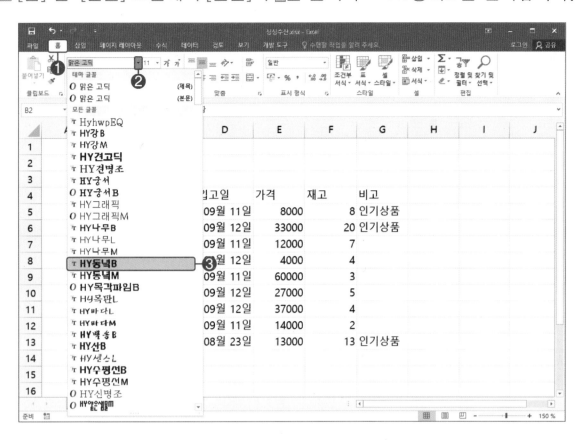

03 글꼴 크기를 변경하기 위해 [홈] 탭-[글꼴] 그룹에서 [글꼴 크기]의 █을 클릭하고 '20'을 선택합니다.

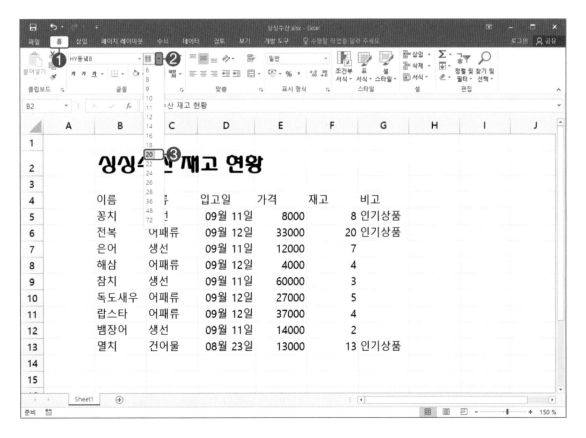

04 글꼴 색을 꾸며주기 위해 [홈] 탭–[글꼴] 그룹에서 [글꼴 색(<u>가</u>)]의 ▼을 클릭하고 [표준 색]의 '파랑'을 선택합니다.

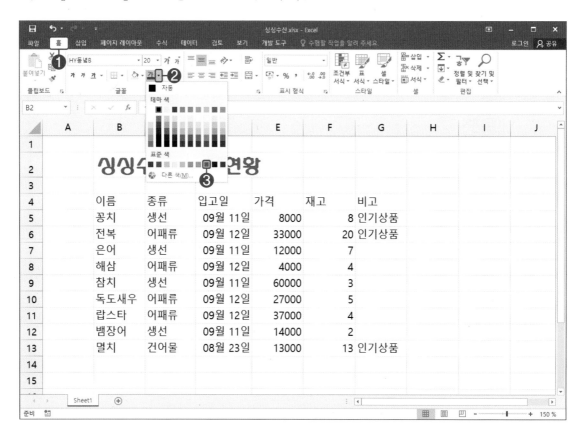

05 [B4:G4] 영역의 글꼴을 변경하기 [B4:G4] 영역을 드래그합니다.

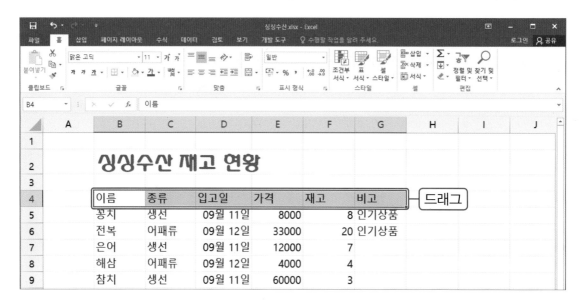

알아두기 **셀 범위 지정하기**

[제일 왼쪽 위의 셀의 위치 : 제일 오른쪽 아래의 셀의 위치]를 셀 범위(영역)라 합니다.
이를 참조하면 [B4] 셀에서 [G4] 셀까지의 범위를 [B4:G4] 영역이라 합니다.

06 [홈] 탭-[글꼴] 그룹에서 [글꼴]은 'HY동녘M'으로 [글꼴 크기]는 '14'로 설정합니다.

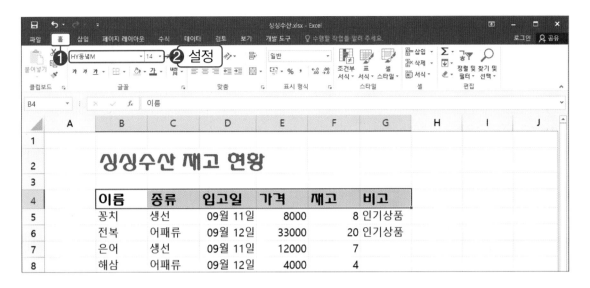

【방법 2】 : [셀 서식] 대화상자 이용하기

01 [B2] 셀을 마우스 오른쪽 버튼으로 클릭한 후 바로 가기 메뉴에서 [셀 서식]을 클릭합니다.

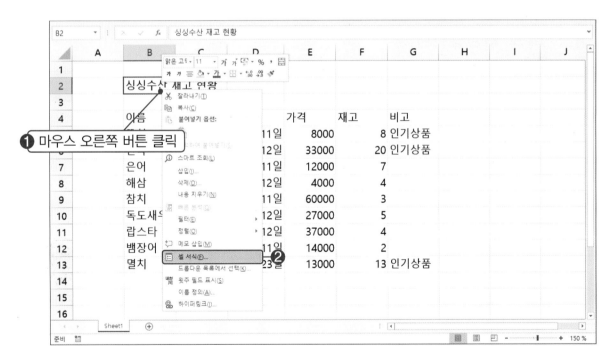

알아두기 **'셀 서식' 바로 가기 키**
Ctrl + 1 키를 누르면 [셀 서식] 대화상자가 나타납니다.

02 [셀 서식] 대화상자가 나타나면 [글꼴] 탭을 클릭한 후 [글꼴]은 'HY동녘B'로 [글꼴 크기]는 '20'으로 [색]은 [표준색]의 '파랑'으로 설정하고 [확인] 버튼을 클릭합니다.

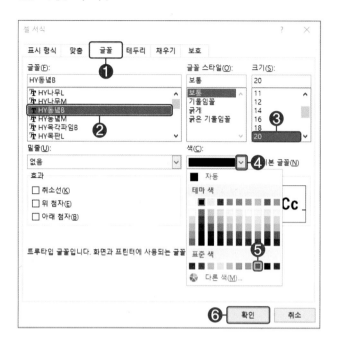

03 [B4:G4] 영역을 드래그한 후 같은 방법으로 [글꼴]은 'HY동녘M'으로 [글꼴 크기]는 '14'로 설정합니다.

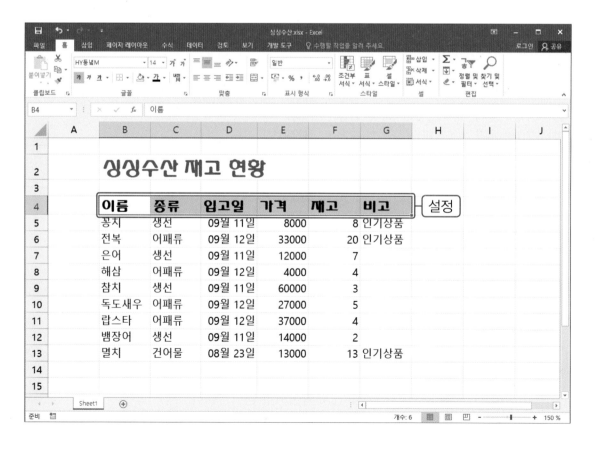

02 셀 병합하고 가운데 맞추기

01 셀을 병합하고 가운데 맞춤을 적용하기 위해 [B2:G2] 영역을 드래그하여 범위를 지정한 후, [홈] 탭-[맞춤] 그룹에서 [병합하고 가운데 맞춤(🔲)]을 클릭합니다.

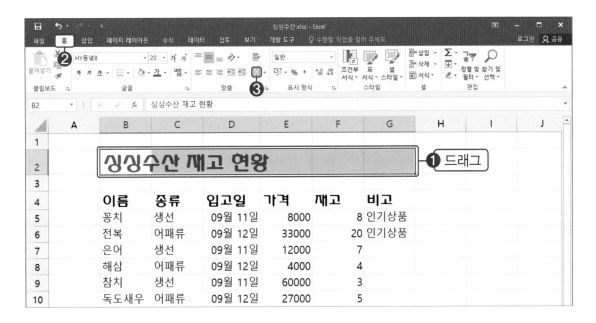

02 [B2:G2] 영역이 하나의 셀로 합쳐지고 가운데 정렬 서식이 적용된 것을 확인할 수 있습니다.

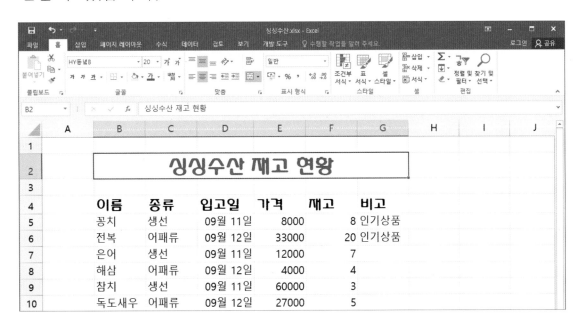

01 테두리를 적용하기 위해 [B4:G13] 영역을 드래그하여 범위로 지정합니다. [홈] 탭-[글꼴] 그룹에서 [테두리(▦)]의 ▾을 클릭한 후 [모든 테두리(田)]를 클릭합니다.

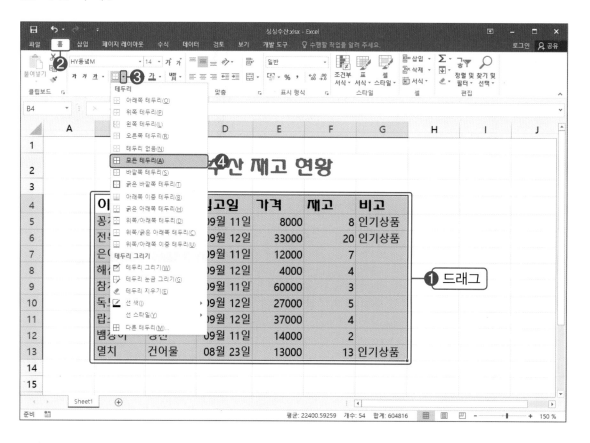

02 [B4:G13] 영역에 완성된 테두리 모양을 확인합니다.

이름	종류	입고일	가격	재고	비고
꽁치	생선	09월 11일	8000	8	인기상품
전복	어패류	09월 12일	33000	20	인기상품
은어	생선	09월 11일	12000	7	
해삼	어패류	09월 12일	4000	4	
참치	생선	09월 11일	60000	3	
독도새우	어패류	09월 12일	27000	5	
랍스타	어패류	09월 12일	37000	4	
뱀장어	생선	09월 11일	14000	2	
멸치	건어물	08월 23일	13000	13	인기상품

04 표시 형식 지정하기

표시 형식 지정

01 표시 형식을 지정하기 위해 [E5:E13] 영역을 드래그하여 범위로 지정합니다.

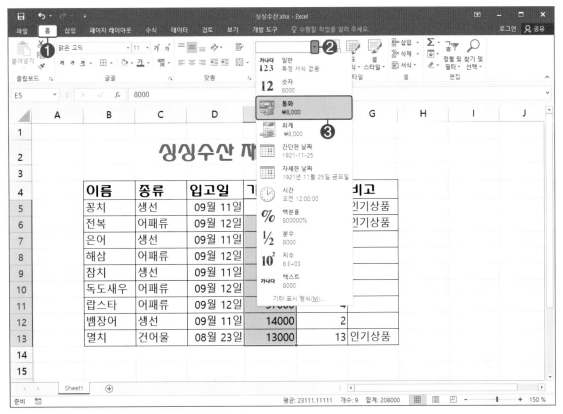

02 [홈] 탭-[표시 형식] 그룹에서 [표시 형식]의 ▾을 클릭한 후 목록에서 [통화]를 선택합니다.

표시 형식 사용자 지정

01 [F5:F13] 영역을 드래그하여 범위로 지정합니다. [홈] 탭–[셀] 그룹에서 [서식(📖)]을 클릭한 후 [셀 서식]을 선택합니다.

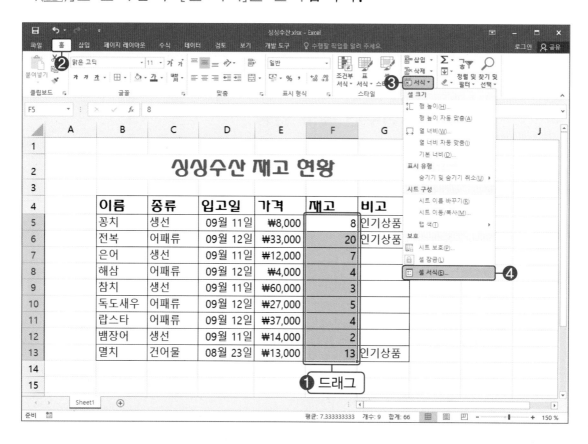

02 [셀 서식] 대화상자가 나타나면 [표시 형식]에서 [사용자 지정]을 선택하고 형식 입력상자에 [G/표준"마리(개)"]를 입력한 후 [확인] 버튼을 클릭합니다.

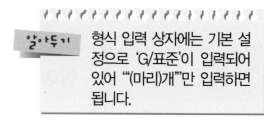

형식 입력 상자에는 기본 설정으로 'G/표준'이 입력되어 있어 ""(마리)개""만 입력하면 됩니다.

05 조건부 서식 지정하기

💬 셀 강조 규칙

01 [C5:C13] 영역을 드래그하여 범위로 지정하고 [홈] 탭–[스타일] 그룹에서 [조건부 서식(📊)]–[셀 강조 규칙(📊)]–[같음(📊)]을 선택합니다.

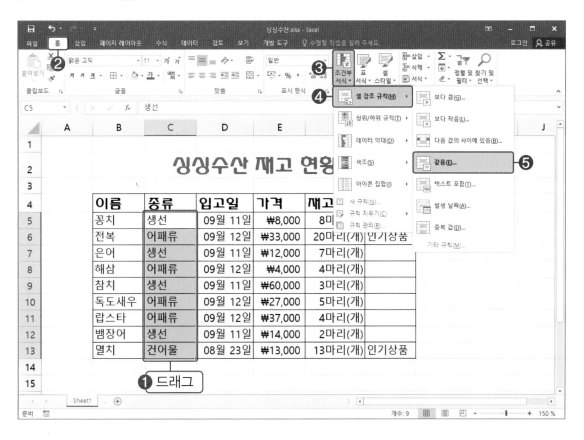

02 [같음] 대화상자가 나타나면 '생선'을 입력하고 [적용할 서식]에서 [진한 빨강 텍스트가 있는 연한 빨강 채우기]를 선택한 후 [확인] 버튼을 클릭합니다.

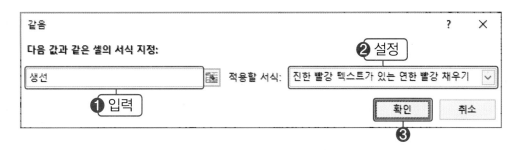

💬 데이터 막대

01 [F5:F13] 영역을 드래그하여 범위로 지정한 후 [홈] 탭–[스타일] 그룹에서 [조건부 서식(📊)]–[데이터 막대(📊)]–[파랑 데이터 막대(📊)]를 선택합니다.

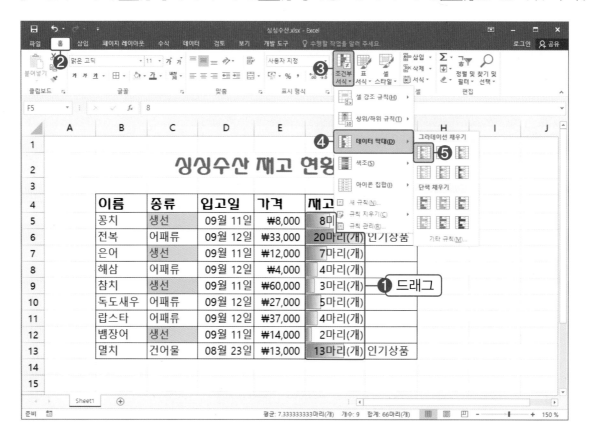

02 데이터 막대가 표시된 것을 확인합니다.

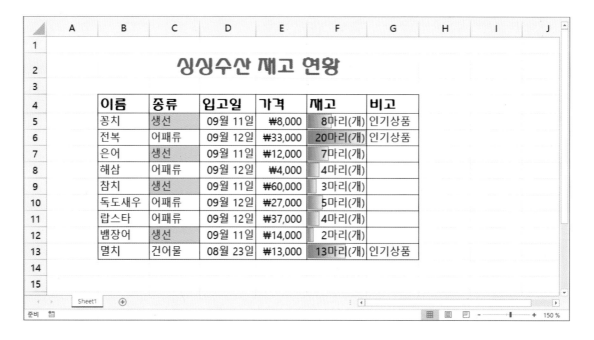

06 표 서식과 셀 스타일 설정하기

💬 표 서식

01 표 서식을 지정하기 위해 [B4:G13] 영역을 드래그하여 범위를 지정한 후, [홈] 탭-[스타일] 그룹에서 [표 서식(📝)]을 클릭하고 [표 스타일 밝게 9(▦)]를 선택합니다.

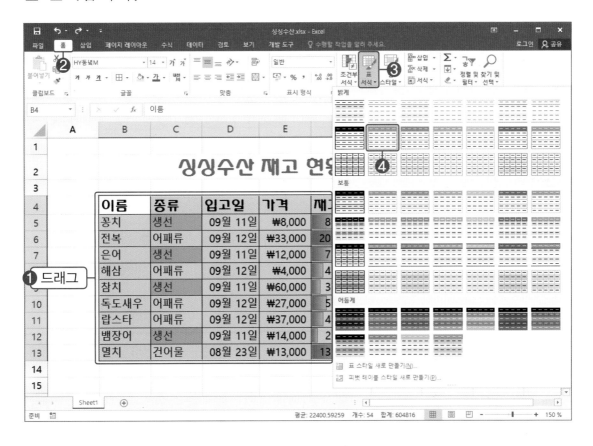

02 [표 서식] 대화상자가 나타나면 '표에 사용할 데이터를 지정하십시오'에 '=$B$4:$G$13'이 입력되어 있는지 확인한 후 [확인] 버튼을 클릭합니다.

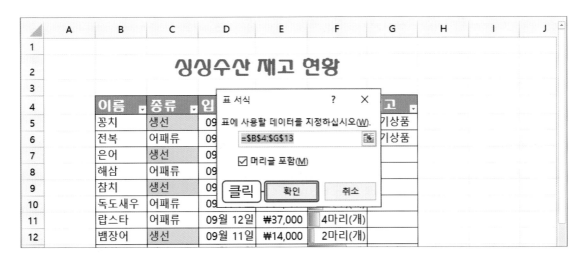

💬 셀 스타일

01 Ctrl 키를 누른 채 [G5] 셀, [G6] 셀, [G13] 셀을 클릭합니다.

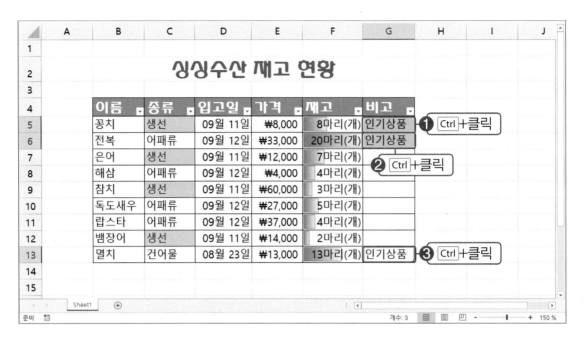

알아두기 Ctrl 키를 누른 채 셀을 클릭하면 서로 떨어져 있는 셀도 같이 선택할 수 있습니다.

02 [홈] 탭-[스타일] 그룹에서 [셀 스타일(🖌)]을 클릭하고 '메모'를 선택합니다.

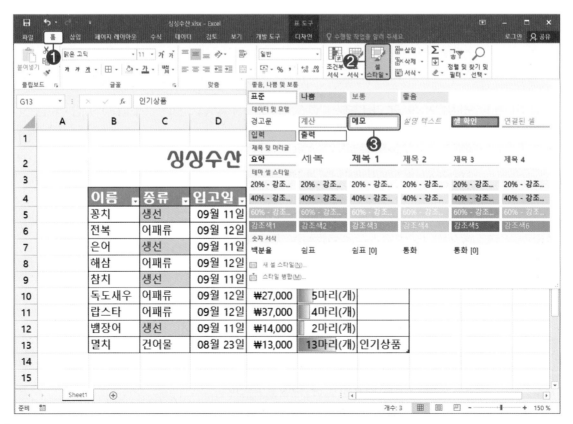

◎ 예제파일 : 골프대회.xlsx ◎ 결과파일 : 골프대회(완).xlsx

1 파일을 열고 다음과 같이 서식을 지정해 봅니다.

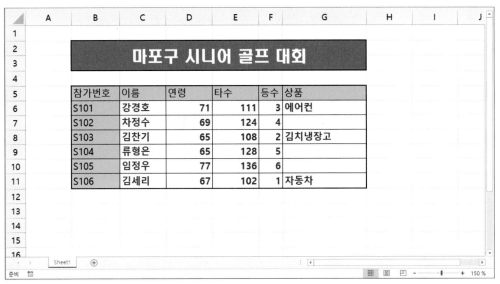

2 다음과 같이 [등수]에 조건부 서식을 적용하고 표의 스타일을 적용해 봅니다.

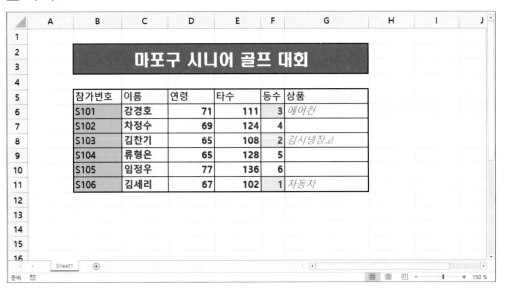

[상위/하위 규칙]-[하위 10개 항목]에서 다음 상위 순위에 속하는 셀의 서식지정을 '3'으로 지정합니다.

05 자동 수식 사용하기

평균, 합계, 최대값 구하기, 최소값 구하기 등 간단한 함수를 자동으로 계산하는 방법을 알아보겠습니다.

◎ 예제파일 : 서점.xlsx ◎ 결과파일 : 서점(완).xlsx

01 자동 합계 구하기

01 '서점.xlsx' 파일을 불러온 후 자동으로 합계를 구하기 위해 [F5] 셀을 클릭합니다. [수식] 탭-[함수 라이브러리] 그룹에서 [자동 합계(∑)]의 ^{자동 합계}를 클릭하고 [합계]를 선택합니다.

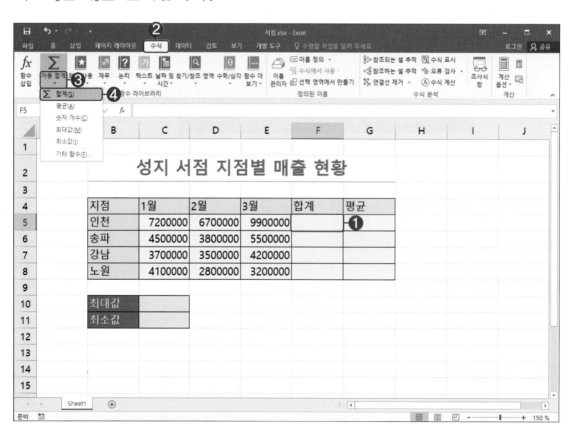

02 다음과 같이 [F5] 셀에 '=SUM(C5:E5)'가 입력된 것을 확인한 후 Enter 키를 누릅니다.

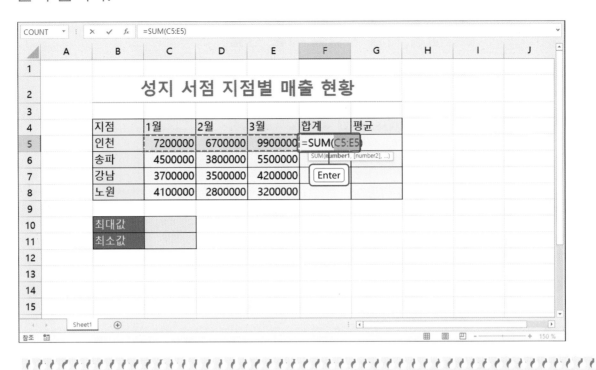

> 알아두기 수식 입력줄에도 '=SUM(C5:E5)'라고 입력되어 있으며 수식을 직접 입력해도 같은 계산이 실행됩니다.

03 '인천' 지점의 '1월', '2월', '3월'의 매출 합계가 자동으로 [F5] 셀에 입력됩니다.

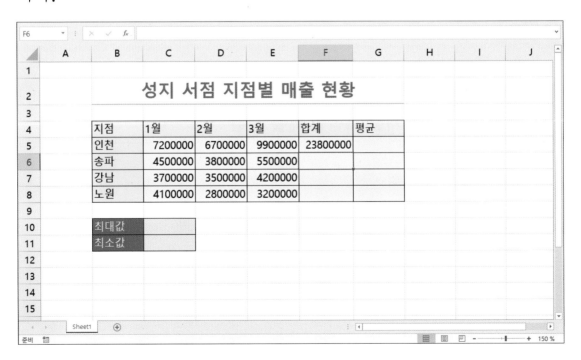

04 [F5] 셀의 채우기 핸들(➕)을 [F8] 셀까지 드래그하여 합계를 구합니다.

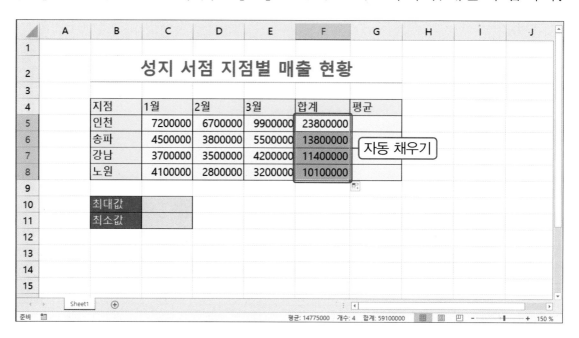

02 자동 평균 구하기

01 자동으로 평균을 구하기 위해 [G5] 셀을 클릭합니다. [수식] 탭-[함수 라이브러리] 그룹에서 [자동 합계(∑)]의 자동합계를 클릭한 후 [평균]을 선택합니다.

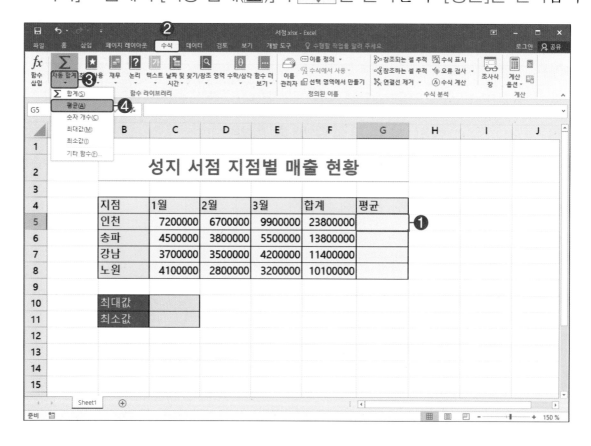

02 [C5:E5] 영역을 드래그하여 범위를 지정한 후 Enter 키를 누릅니다.

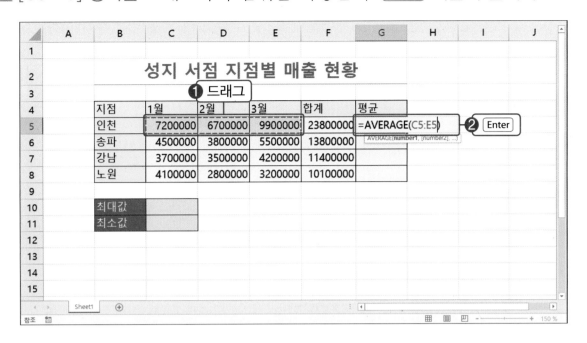

03 '인천' 지점의 '1월', '2월', '3월'의 매출 평균이 자동으로 [G5] 셀에 입력됩니다.

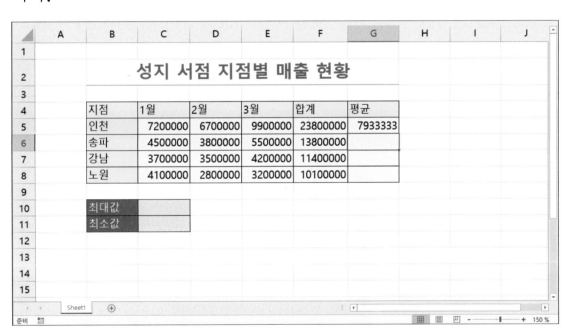

알아두기 범위를 지정하지 않으면 합계 부분이 계산 범위에 포함되기 때문에 직접 범위를 지정해야 합니다.

지점	1월	2월	3월	합계	평균
인천	7200000	6700000	9900000	23800000	=AVERAGE(C5:F5)
송파	4500000	3800000	5500000	13800000	
강남	3700000	3500000	4200000	11400000	
노원	4100000	2800000	3200000	10100000	

04 [G5] 셀의 채우기 핸들(╌┃)을 [G8] 셀까지 드래그하여 평균을 구합니다.

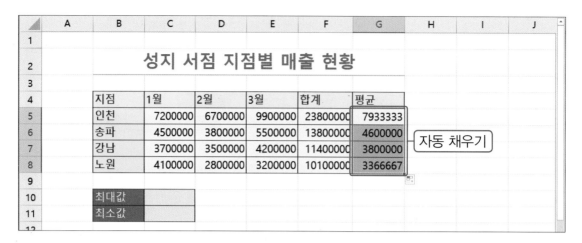

03 최대값과 최소값 구하기

💬 최대값

01 [C10] 셀을 클릭합니다. '1월' 매출의 최대값을 구하기 위해 [수식] 탭-[함수 라이브러리] 그룹에서 [자동 합계(∑)]의 ^{자동 합계}를 클릭한 후 [최대값]을 선택합니다.

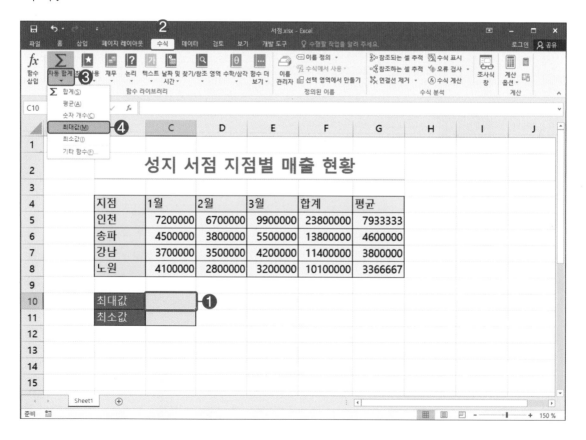

02 [C5:C8] 영역을 드래그하여 최대값을 찾는 범위로 지정한 후 Enter 키를 누릅니다.

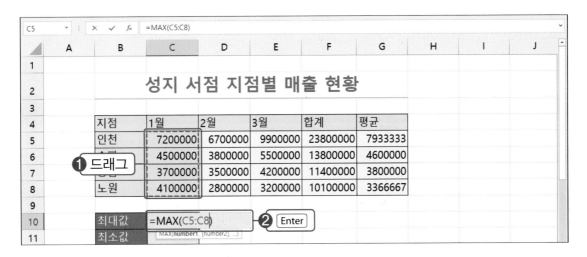

03 [C10] 셀에 '1월' 매출액의 최대값이 입력된 것을 확인할 수 있습니다.

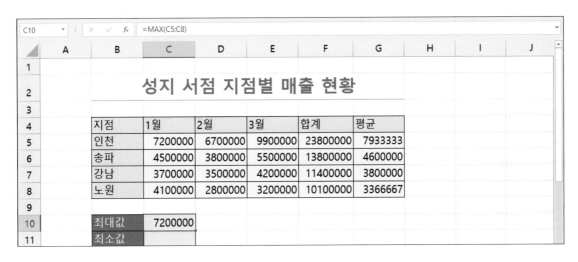

04 각 행의 최대값을 구하기 위해 [C10] 셀의 채우기 핸들(﹣┃)을 [F10] 셀까지 드래그하여 최대값을 구합니다.

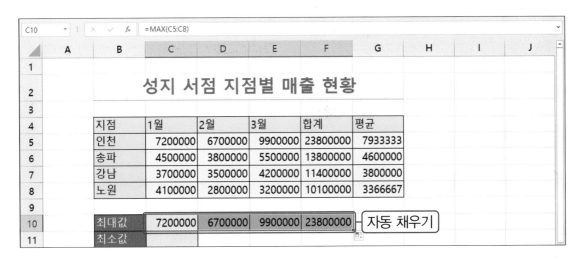

 최소값

01 [C11] 셀을 클릭합니다. '1월' 매출의 최소값을 구하기 위해 [수식] 탭–[함수 라이브러리] 그룹에서 [자동 합계(∑)]의 자동합계를 클릭한 후 [최소값]을 선택합니다.

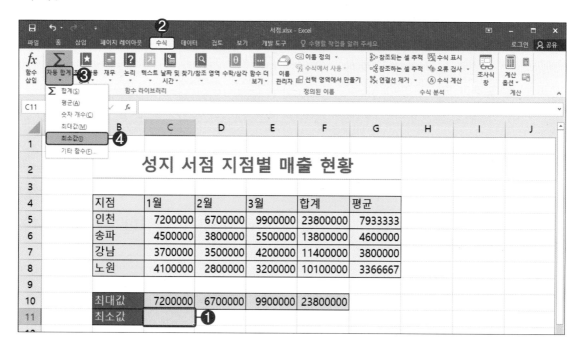

02 [C5:C8] 영역을 드래그하여 최소값을 찾는 범위로 지정한 후 Enter 키를 누릅니다.

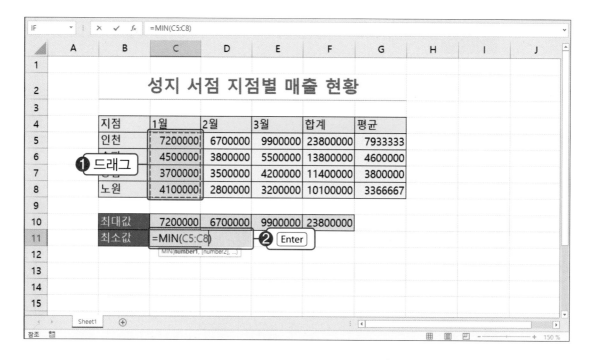

03 [C11] 셀에 '1월' 매출액의 최소값이 입력된 것을 확인한 후, 각 행의 최소값을 구하기 위해 [C11] 셀의 채우기 핸들(-┃-)을 [F11] 셀까지 드래그하여 최소값을 구합니다.

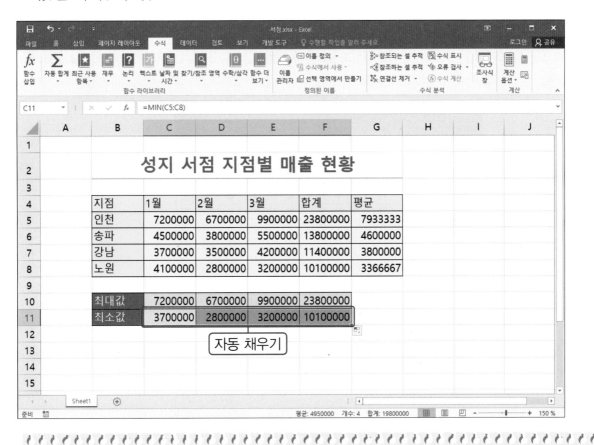

알아두기 **숫자 개수(COUNT 함수)**

숫자 개수는 빈 셀을 제외하고 숫자 데이터의 개수를 세는 기능입니다. COUNT 함수와 같은 기능으로 숫자만 입력된 셀을 구하고 숫자가 조합된 데이터는 제외됩니다. 다만 다음과 같이 시간, 날짜 데이터는 숫자 데이터로 인식합니다.

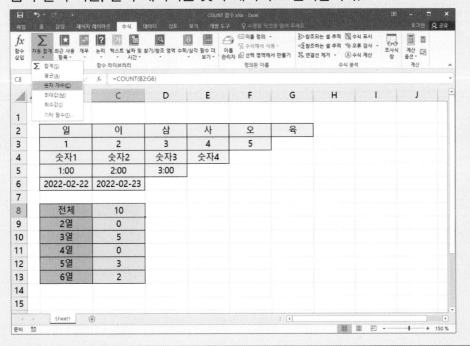

◎ 예제파일 : 영어회화.xlsx ◎ 결과파일 : 영어회화(완).xlsx

① 파일을 열고 자동 수식 기능을 이용해 다음과 같이 빈칸을 채워 봅니다.

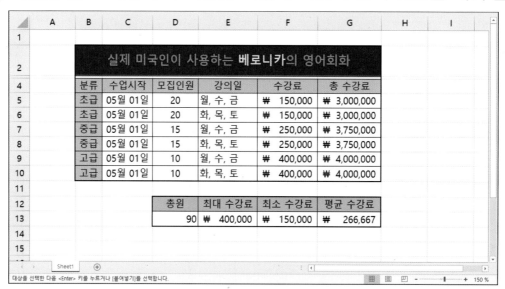

◎ 예제파일 : 성과급.xlsx ◎ 결과파일 : 성과급(완).xlsx

② 파일을 열고 자동 수식 기능을 이용해 다음과 같이 빈칸을 채워 봅니다.

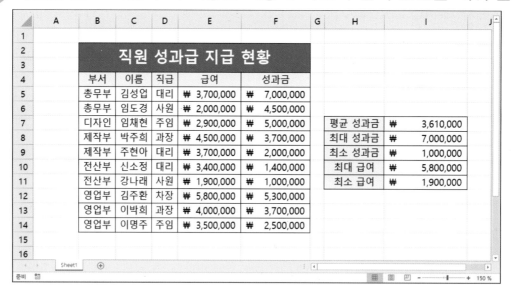

06 차트 만들기

차트는 수치 데이터를 분석하여 그림으로 표현하는 것을 말합니다. 수치 데이터를 막대나 원 등으로 표현해 주기 때문에 한눈에 파악할 수 있습니다. 차트를 만들고 꾸미는 방법에 대해 알아보겠습니다.

◎ 예제파일 : 기부금.xlsx ◎ 결과파일 : 기부금(완).xlsx

 차트 작성하기

01 '기부금.xlsx' 파일을 불러온 후 [B4] 셀을 클릭합니다. [삽입] 탭–[차트] 그룹에서 [추천 차트()]를 클릭합니다.

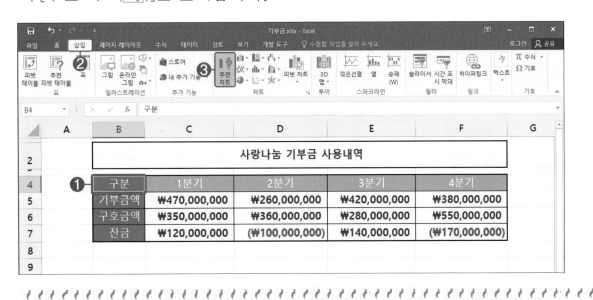

알아두기 **'차트 삽입' 바로 가기 키**

- Alt + F11 키를 누르면 현재 워크시트에 '세로 막대형 차트'를 삽입합니다.
- F11 키를 누르면 현재 워크시트 앞에 새로운 차트 시트에 '세로 막대형 차트'를 삽입합니다.

02 [차트 삽입] 대화상자가 나타나면 '묶은 세로 막대형 차트'를 선택한 후 [확인] 버튼을 클릭합니다.

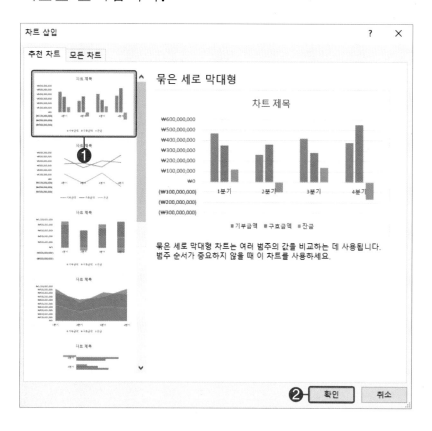

03 차트의 '잔금' 데이터를 삭제하기 위해 차트의 회색 막대를 클릭한 후 [Delete] 키를 누릅니다.

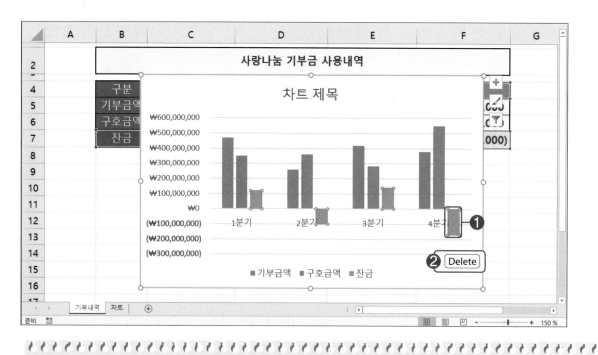

알아두기 차트 생성 시 [B4:F6] 영역을 드래그한 후 [추천 차트(📊)]를 선택 생성하면 '잔금' 데이터 없이 차트를 생성할 수 있습니다.

02 차트 디자인 변경하기

차트 디자인

01 삽입된 차트를 클릭한 후 [차트 도구]의 [디자인] 탭–[차트 레이아웃] 그룹에서 [빠른 레이아웃(📊)]을 클릭하고 [레이아웃 2]를 선택합니다.

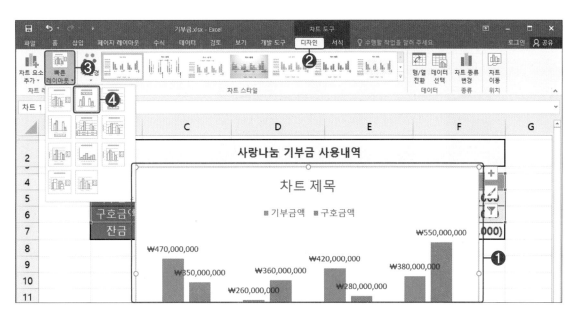

02 [차트 도구]의 [디자인] 탭–[차트 디자인] 그룹의 ▾을 클릭한 후 [스타일 10]을 선택합니다.

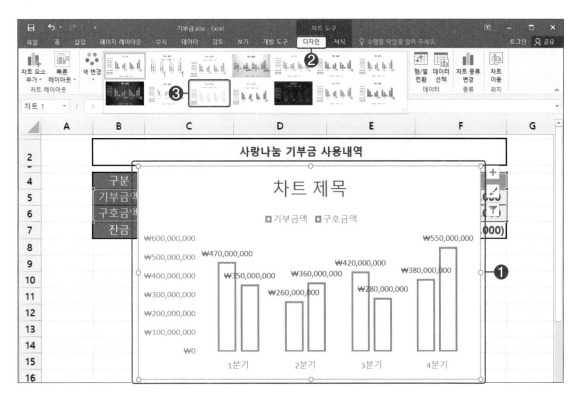

💬 차트 종류 변경

01 차트 종류를 변경하기 위해 삽입된 차트를 선택한 후 [차트 도구]의 [디자인] 탭-[종류] 그룹에서 [차트 종류 변경(📊)]을 클릭합니다.

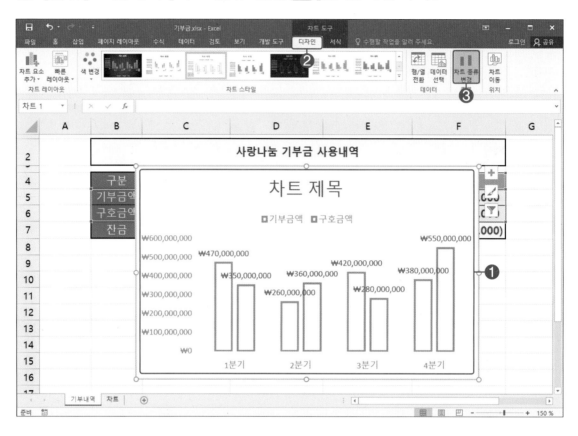

02 [차트 종류 변경] 대화상자가 나타나면 [콤보]를 선택하고 '구호금액'의 [차트 종류]를 '표식이 있는 꺾은선형'으로 설정한 후 [확인] 버튼을 클릭합니다.

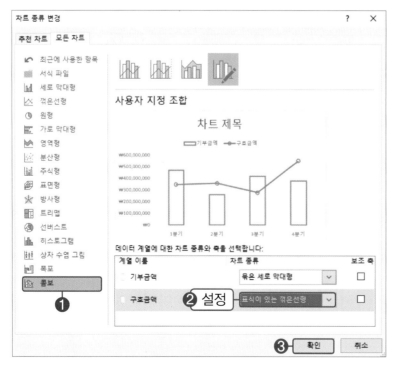

💬 차트 이동

01 삽입된 차트를 선택한 후 [차트 도구]의 [디자인] 탭–[위치] 그룹에서 [차트 이동(📊)]을 클릭합니다.

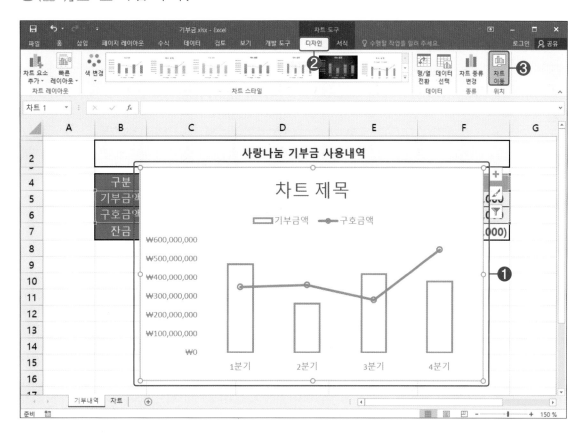

02 [차트 이동] 대화상자가 나타나면 [워크시트에 삽입]–[차트]로 설정한 후 [확인] 버튼을 클릭합니다.

알아두기 [차트 이동] 대화상자에서 [새 시트]를 선택하면 현재 워크시트 앞에 새로운 차트 시트를 만든 후 차트 시트로 이동합니다.

03 차트 레이아웃 설정하기

💬 차트 제목

01 [차트 제목] 텍스트 상자를 클릭한 후 '기부금 사용 내역'을 입력합니다.

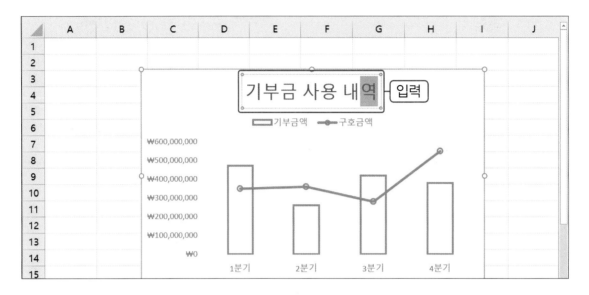

02 [차트 도구]의 [디자인] 탭-[차트 레이아웃] 그룹에서 [차트 요소 추가(📊)]를 클릭한 후 [차트 제목]-[없음]을 선택하여 차트 제목을 삭제합니다.

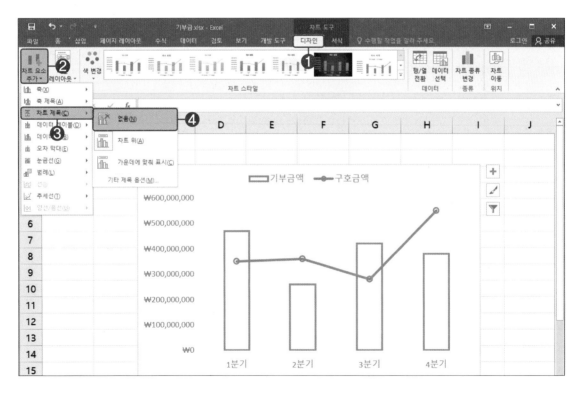

💬 차트 요소 추가

01 [차트 도구]의 [디자인] 탭-[차트 레이아웃] 그룹에서 [차트 요소 추가(📊)]를 클릭한 후 [범례]-[아래쪽]을 선택하여 범례를 아래로 이동합니다.

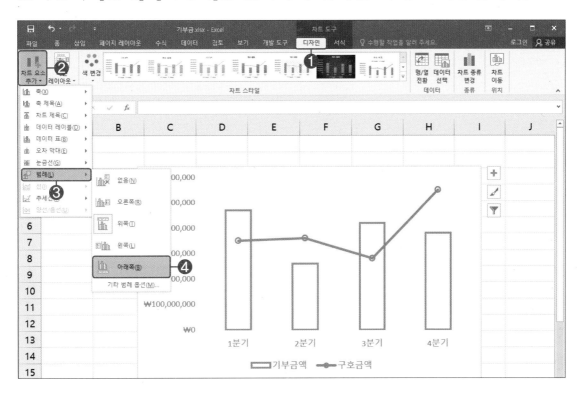

02 [차트 도구]의 [디자인] 탭-[차트 레이아웃] 그룹에서 [차트 요소 추가(📊)]를 클릭한 후 [데이터 레이블]-[축에 가깝게]를 선택하여 데이터 레이블을 추가합니다.

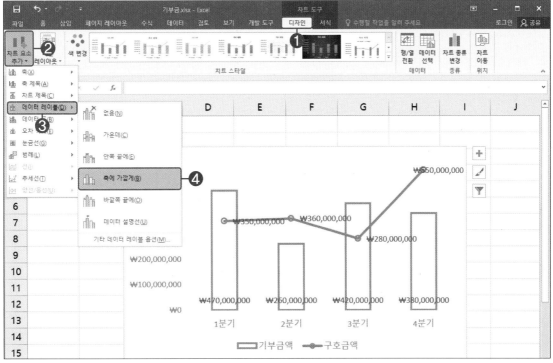

03 [차트 도구]의 [디자인] 탭-[차트 레이아웃] 그룹에서 [차트 요소 추가(📊)]를 클릭한 후 [축]-[기본 세로]를 선택하여 세로축을 삭제합니다.

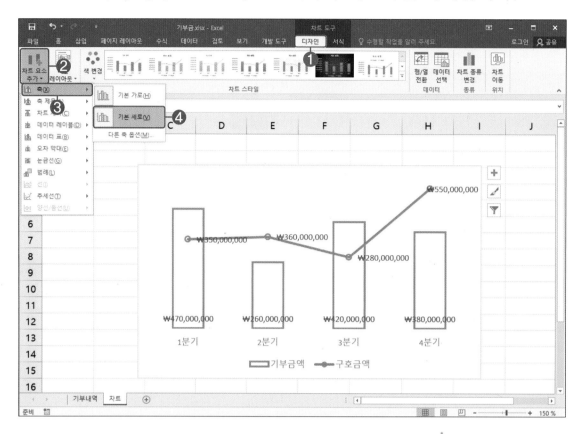

04 [차트 도구]의 [디자인] 탭-[차트 레이아웃] 그룹에서 [차트 요소 추가(📊)]를 클릭한 후 [눈금선]-[기본 주 세로]를 선택하여 세로 눈금선을 추가합니다.

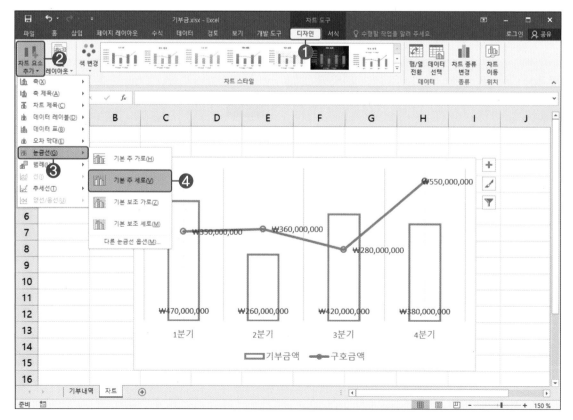

알아두기 **빠른 차트 서식 도구 모음**

차트를 만들면 다음과 같은 차트 서식 도구 모음이 나타나 차트 수정을 도와줍니다.

- ⊞ : 차트 요소 추가(📊) 기능을 가지고 있습니다.

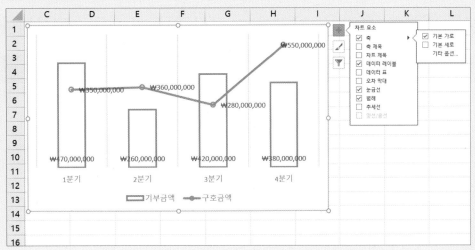

- 🖌 : 차트의 스타일을 바꿀 수 있도록 도와줍니다.

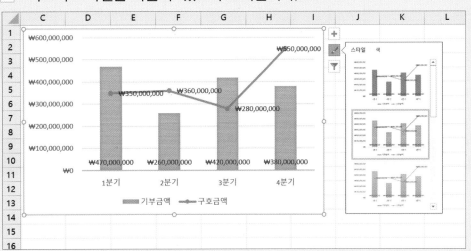

- ▽ : 차트의 값과 범주를 표시할 수 있는 필터 기능을 가지고 있으며 감추려는 항목을 체크 후 [적용] 버튼을 클릭해야 합니다.

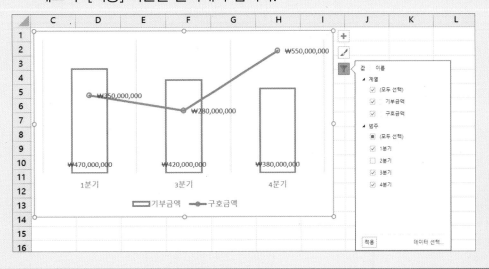

04 차트 서식 변경하기

01 삽입된 차트를 클릭합니다. [차트 도구]의 [서식] 탭-[도형 스타일] 그룹의 ⊞ 을 클릭한 후 [투명, 색 윤곽선 – 검정, 어둡게 1]을 선택합니다.

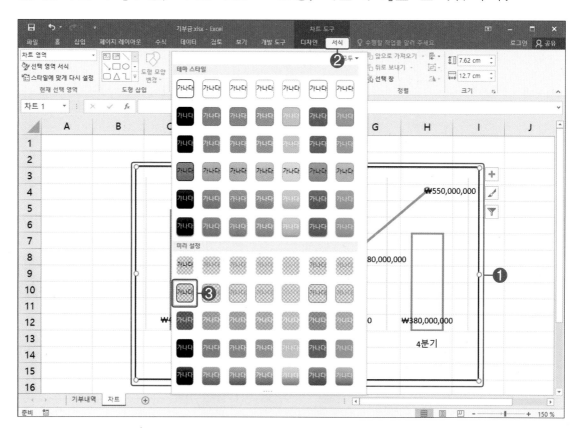

02 [차트 도구]의 [서식] 탭-[도형 스타일] 그룹에서 [도형 채우기(⬧)]의 ⊞을 클릭한 후 [파랑, 강조 1, 80% 더 밝게]를 선택합니다.

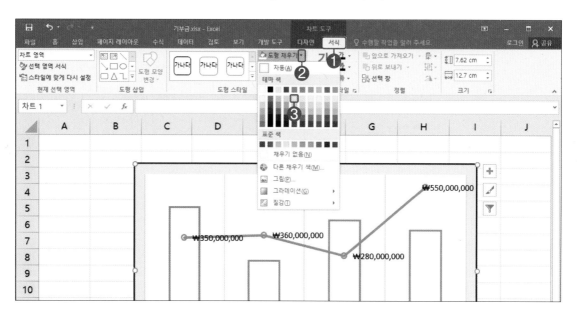

활용마당

◎ 예제파일 : 영업1팀.xlsx ◎ 결과파일 : 영업1팀(완).xlsx

1 파일을 열고 다음과 같이 차트를 작성해 봅니다.

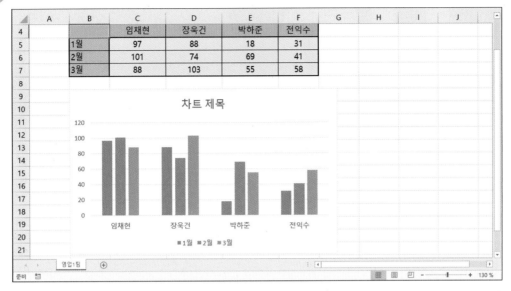

2 작성한 차트를 다음과 같이 꾸민 후 [실적 차트] 시트를 만들어 이동해 봅니다.

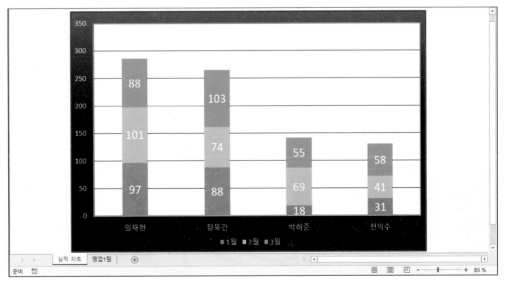

 글자의 속성은 [홈] 탭의 [글꼴] 그룹에서 수정할 수 있습니다.

Part

05

파워포인트 2016

파워포인트 2016 시작하기

01 파워포인트 2016 실행 및 종료

💬 파워포인트 2016 실행

01 파워포인트 2016을 실행하기 위해 작업 표시줄에서 [시작(■)]–[Power-Point 2016]을 선택합니다.

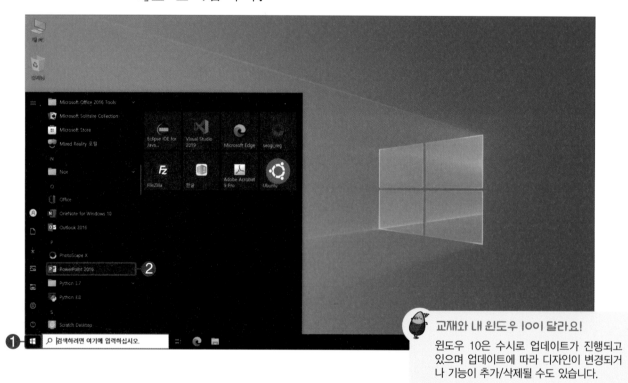

교재와 내 윈도우 10이 달라요!

윈도우 10은 수시로 업데이트가 진행되고 있으며 업데이트에 따라 디자인이 변경되거나 기능이 추가/삭제될 수도 있습니다.

알아두기 바로 가기 아이콘 이용하기

바탕 화면에 바로 가기 아이콘 [PowerPoint 2016(P)]이 있다면 더블 클릭하여 실행할 수 있습니다.

02 [PowerPoint 서식] 창이 나타나면 '새 프레젠테이션'을 클릭합니다.

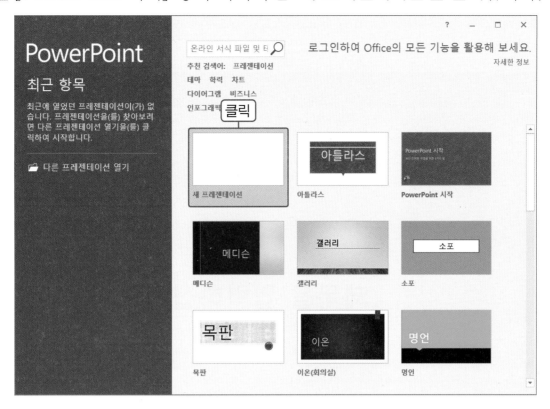

💬 **파워포인트 2016 종료**

파워포인트 화면 오른쪽에 표시된 버튼 중 [닫기(×)] 버튼을 클릭합니다.

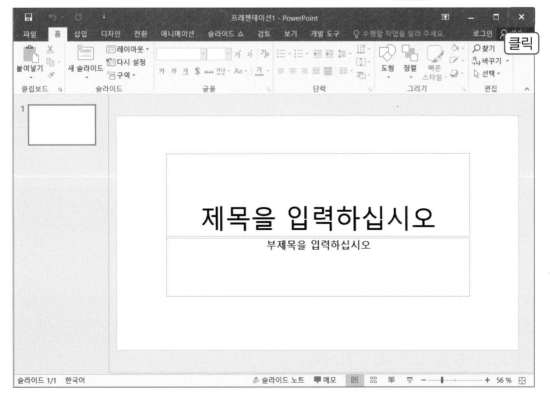

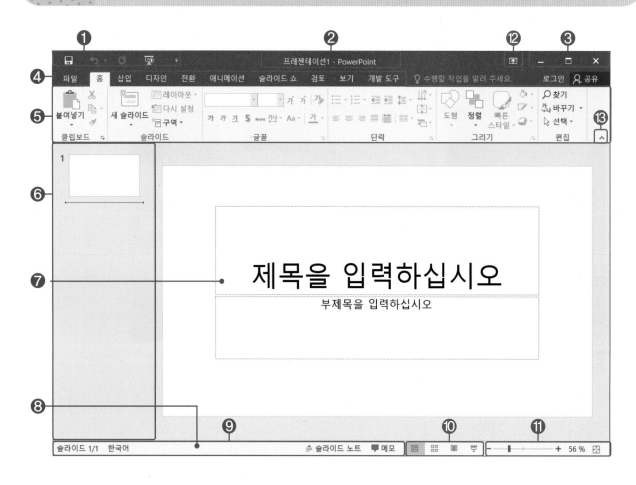

❶ **빠른 실행 도구 모음** : 자주 사용하는 명령을 표시하는 공간입니다. 추가하거나 삭제할 수 있습니다.

❷ **제목 표시줄** : 현재 작업 중인 파워포인트의 파일명이 표시됩니다. 기본적으로 '프레젠테이션1'이 표시됩니다.

❸ **창 조절 버튼** : 프로그램 창의 최소화, 최대화/이전 크기로 복원, 닫기 기능을 사용할 수 있습니다.

❹ **[파일] 탭** : 새 프레젠테이션 만들기, 열기, 저장, 인쇄, 옵션(환경설정), 끝내기 등의 명령을 할 수 있습니다.

❺ **리본 메뉴** : 탭과 그룹, 명령 아이콘으로 구성되어 있습니다. 메뉴와 도구 모음이 결합된 형태입니다.

❻ **슬라이드/개요 탭** : 슬라이드 탭에는 슬라이드 창에 표시되는 슬라이드의 축소판 이미지 보기 형식으로 표시됩니다.

❼ **슬라이드 창** : 텍스트, 그림, 도형, SmartArt, 표, 차트, 비디오, 오디오, 하이퍼링크 및 애니메이션 삽입 등 실제 작업이 이루어지는 공간입니다.

리본 메뉴 모습이 달라요.

- 리본 메뉴의 모든 명령 아이콘이 현재 창의 화면에 모두 표시되지 못할 경우에는 명령 아이콘의 모습이 축소되어 표시됩니다.

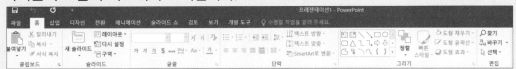

▲ 명령 아이콘이 모두 표시된 [홈] 탭의 모습

▲ 아이콘이 숨겨져 있는 [홈] 탭의 모습

- 개체(그림, 도형, 표, 차트, 비디오, 오디오 등)가 삽입된 경우 리본 메뉴에 새로운 탭이 나타납니다. 슬라이드에 개체가 삽입되어 있어도 선택되어 있지 않으면 상황 탭은 표시되지 않습니다.

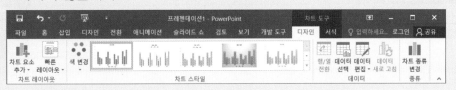

▲ 차트를 삽입했을 때 나타나는 [디자인] 탭, [서식] 탭

❽ 슬라이드 노트 창 : 현재 슬라이드에 설명을 입력할 수 있는 공간입니다.

❾ 상태 표시줄 : 현재 선택된 슬라이드 정보를 표시합니다.

❿ 슬라이드 보기 : 기본(▣), 여러 슬라이드(▦), 읽기용 보기(▤), 슬라이드 쇼(▭) 보기 방식 중에서 선택할 수 있습니다.

⓫ 슬라이드 화면 확대/축소 : 보이는 슬라이드의 크기를 조정합니다.

⓬ 리본 메뉴 표시 옵션 : 리본 메뉴 표시방법을 설정합니다. 리본 메뉴 자동 숨기기. 탭 표시, 탭 및 명령 표시 등으로 구분합니다.

⓭ 리본 메뉴 축소 : 클릭하면 리본 메뉴의 모든 그룹과 명령 아이콘이 숨겨지고 메뉴 탭만 표시됩니다.

03 빠른 실행 도구 모음 설정하기

💬 빠른 실행 도구 모음에 추가

【방법 1】 : 리본 메뉴에 있는 명령 추가

빠른 실행 도구 모음에 [맞춤법 및 문법 검사]를 추가하기 위해 [검토] 탭-[언어 교정] 그룹-[맞춤법 및 문법 검사]를 마우스 오른쪽 버튼으로 클릭합니다. 바로 가기 메뉴에서 [빠른 실행 도구 모음에 추가]를 선택합니다.

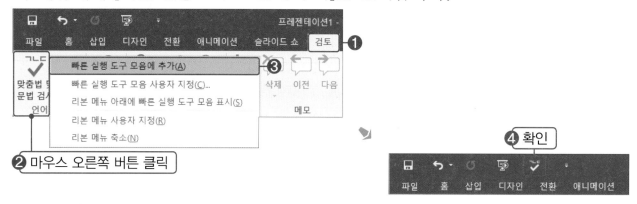

【방법 2】 : 리본 메뉴에 없는 명령 추가

[빠른 실행 도구 모음 사용자 지정(⬛)]을 클릭합니다. 리본 메뉴에서 제공되지 않은 명령들을 확인할 수 있습니다. 화면에 표시된 항목은 체크 표시가 되어 있습니다. 여기서는 [새로 만들기]를 선택합니다.

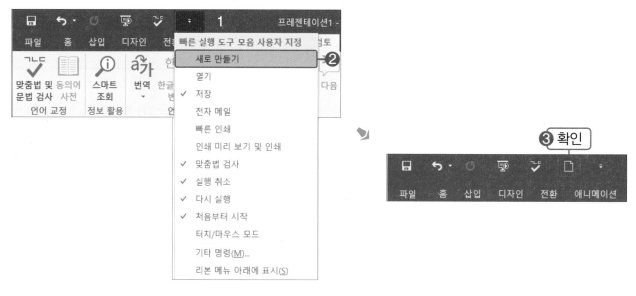

[Powerpoint 옵션]에서 빠른 실행 도구 모음 설정하기

빠른 실행 도구 모음 사용자 지정 목록에서 [기타 명령]을 선택하면 [PowerPoint 옵션] 대화상자가 나타납니다. 왼쪽 목록에서 선택한 후 [추가] 버튼을 클릭하면 오른쪽 목록에 선택 명령이 등록됩니다. [확인] 버튼을 클릭하면 빠른 실행 도구 모음에서 확인할 수 있습니다.

이곳을 클릭하면 빠른 실행 도구 모음에 표시된 순서를 변경할 수 있습니다.

빠른 실행 도구 모음에서 삭제

01 빠른 실행 도구 모음의 '새로 만들기' 명령 아이콘을 마우스 오른쪽 버튼으로 클릭합니다. 바로 가기 메뉴에서 [빠른 실행 도구 모음에서 제거]를 선택합니다.

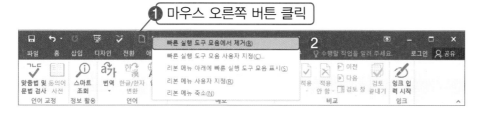

02 같은 방법으로 '맞춤법 및 문법 검사' 명령 아이콘도 빠른 실행 도구 모음에서 제거합니다.

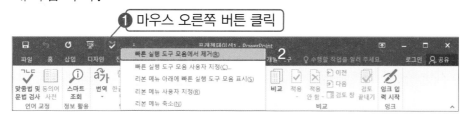

04 슬라이드 크기 설정하기

01 [디자인] 탭-[사용자 지정] 그룹-[슬라이드 크기]-[사용자 지정 슬라이드 크기]를 선택합니다.

02 [슬라이드 크기] 대화상자가 나타나면 [슬라이드 크기]를 'A4 용지(210×297mm)'로 설정하고 [확인] 버튼을 클릭합니다.

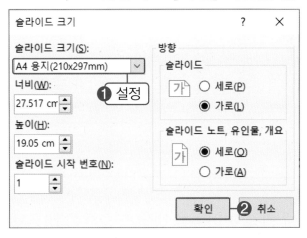

03 [Microsoft PowerPoint] 대화상자가 나타나면 [최대화] 버튼을 클릭합니다.

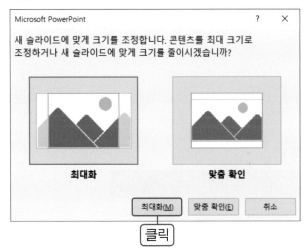

활용마당

1 다음과 같이 빠른 실행 도구 모음에 '새로 만들기'와 '열기', '처음부터 시작'을 추가해 봅니다.

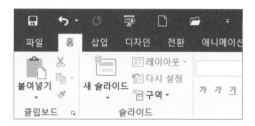

2 다음과 같이 빠른 실행 도구 모음에 '저장', '실행 취소', '다시 실행'만 남기고 삭제해 봅니다.

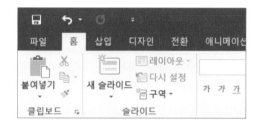

3 슬라이드의 크기를 '16:9'로 조정해 봅니다.

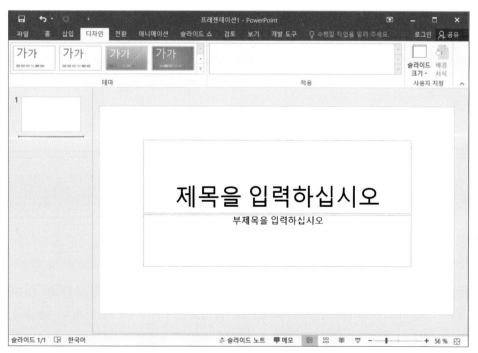

02 기본 슬라이드 작성 방법 익히기

01 텍스트 입력하기

01 파워포인트를 실행합니다. 기본적으로 [제목 슬라이드] 레이아웃 형태의 슬라이드 1장이 나타나 있습니다. 제목 텍스트 상자의 안쪽에 표시되어 있는 '제목을 입력하십시오' 부분을 클릭합니다.

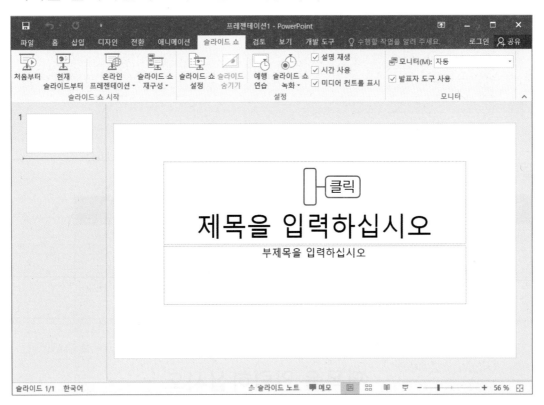

알아두기 제목 슬라이드의 구성

'제목을 입력하십시오'라고 적혀있는 텍스트 입력란을 제목 텍스트 상자라 하며 '부제목을 입력하십시오'라고 적혀있는 텍스트 입력란을 부제목 텍스트 상자라 합니다.

02 '성공적인'을 입력한 후 Enter 키를 누르고 '프레젠테이션의 기술'이라고 입력합니다. 부제목 텍스트 상자의 안쪽을 클릭하고 한/영 키를 누른 후 '(Successful Presentation)'이라고 입력합니다.

02 슬라이드 추가하기

💬 새 슬라이드 삽입

01 [홈] 탭–[슬라이드] 그룹–[새 슬라이드(🗔)]를 클릭합니다.

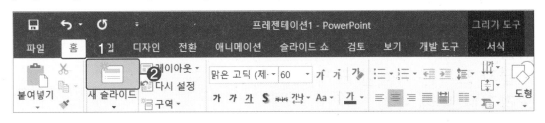

알아두기 [새 슬라이드(🗔)]의 텍스트 부분을 클릭하면 삽입 가능한 슬라이드 목록이 나타납니다.

02 슬라이드가 추가된 것을 확인할 수 있습니다. 기본적으로 [제목 및 내용] 레이아웃 형태의 슬라이드가 추가됩니다.

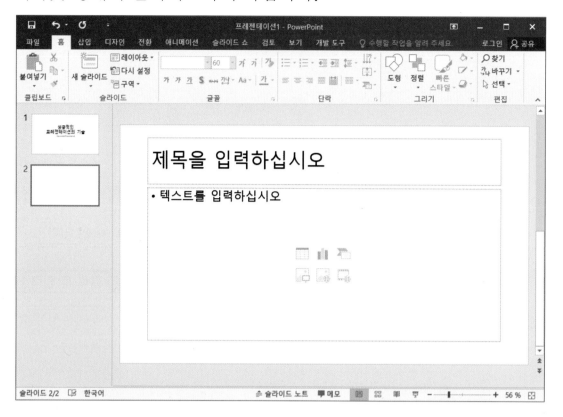

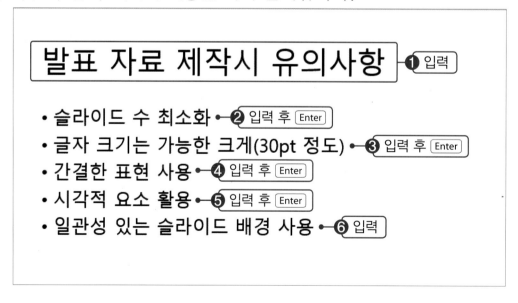

알아두기 [새 슬라이드(📄)]를 클릭하면 기본적으로 이전에 사용한 슬라이드와 동일한 슬라이드가 추가됩니다. 하지만 [제목 슬라이드]에서 [새 슬라이드(📄)]를 클릭하면 [제목 및 내용] 슬라이드가 추가됩니다.

---

03 다음과 같이 제목과 내용을 각각 입력합니다.

💬 슬라이드 레이아웃 선택하여 삽입

01 [홈] 탭–[슬라이드] 그룹–[새 슬라이드(새 슬라이드)]를 클릭합니다. 다양한 레이아웃의 슬라이드 형태 목록이 나타납니다. 여기서는 [비교]를 선택합니다.

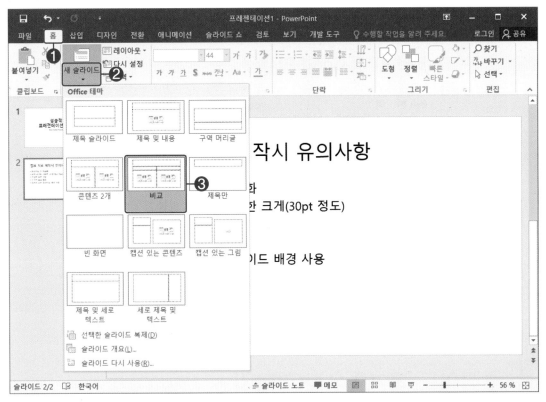

02 선택한 레이아웃의 슬라이드가 추가된 것을 확인합니다.

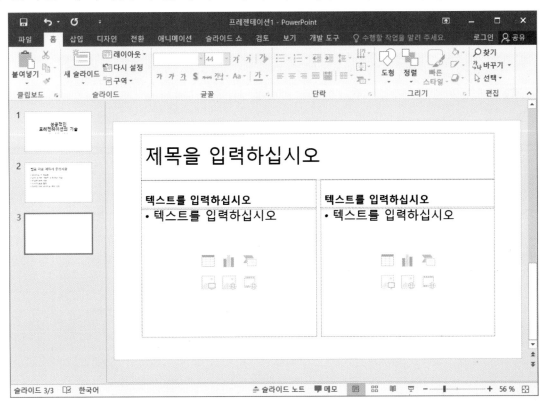

03 다음과 같이 제목과 내용을 각각 입력합니다.

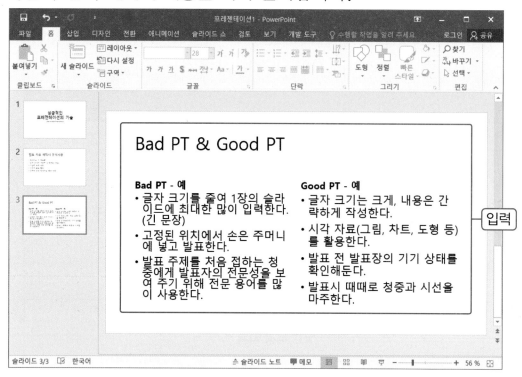

---

01 [홈] 탭–[슬라이드] 그룹–[새 슬라이드(📄)]를 클릭합니다. 새 슬라이드가 삽입됩니다. 직전에 삽입한 '비교' 레이아웃이 새 슬라이드에 적용되어 나타납니다.

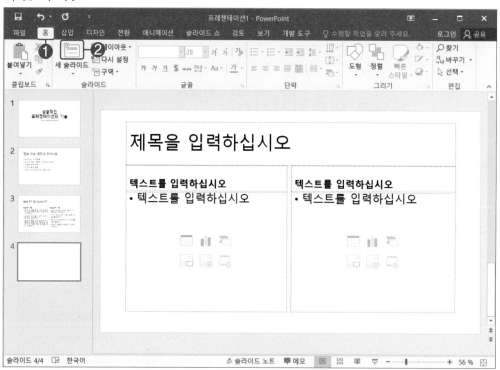

02 [홈] 탭−[슬라이드] 그룹−[레이아웃]을 클릭합니다. 여러 슬라이드 레이아웃의 축소판 이미지가 나타납니다. 여기서는 [제목 및 내용] 레이아웃을 선택합니다.

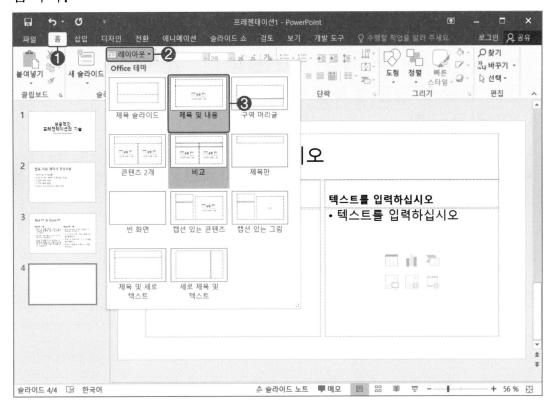

03 슬라이드의 레이아웃이 바뀐 것을 확인합니다.

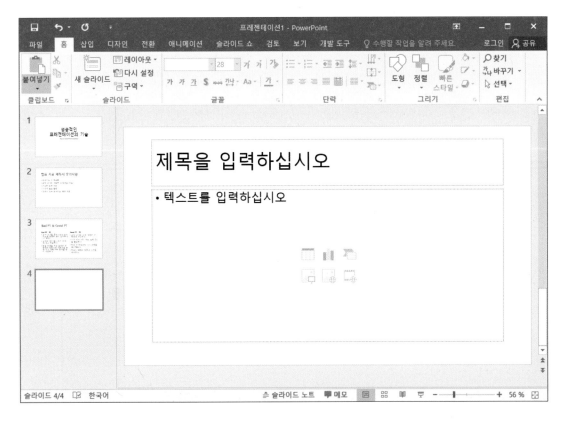

04 다음과 같이 제목과 내용을 입력합니다.

> # 프레젠테이션이란?
>
> - Presentation의 뜻 : 제출, 제시, 발표
> - 정보 전달 및 청중 설득을 목적으로 함
> - "PT"라고도 함
> - 시각적 보조 자료를 활용하기도 함
> - 보조 자료 제작을 위한 관련 S/W : 파워포인트, 키노트, 한쇼 등

04 슬라이드 이동하기

01 왼쪽의 슬라이드 탭에서 4번 슬라이드를 1번과 2번 슬라이드 사이로 드래그
합니다.

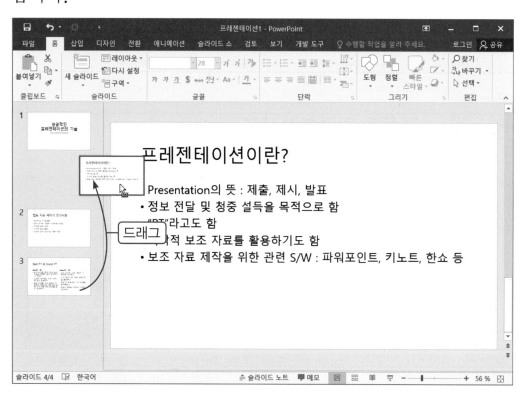

02 선택한 슬라이드의 위치가 바뀐 것을 확인합니다.

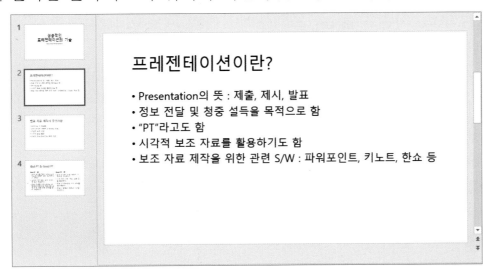

빠른 실행 도구 모음의 [저장(🖫)]을 클릭하거나 [파일] 탭-[저장]을 선택합니다. Ctrl+S 키를 눌러도 됩니다. 여기서는 [파일] 탭을 이용한 방법으로 살펴봅니다.

01 [파일] 탭을 클릭합니다.

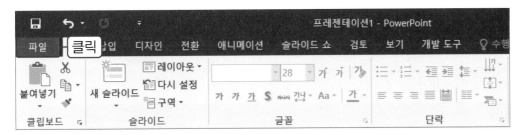

02 [다른 이름으로 저장]을 선택한 후 [찾아보기]를 클릭합니다.

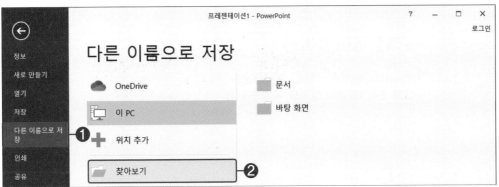

03 [다른 이름으로 저장] 대화상자가 나타나면 저장 위치([문서]–[*사용자이름*] 폴더)를 지정하고, 파일 이름을 '프레젠테이션의 기술'이라 입력한 후 [저장] 버튼을 클릭합니다.

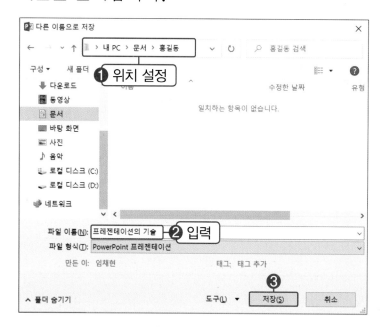

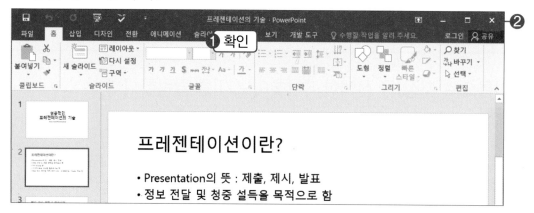

위 과정 이후에는 슬라이드를 수정하고 [저장(🖫)]을 클릭하거나 [파일] 탭–[저장]을 선택해도 [다른 이름으로 저장] 대화상자가 나타나지 않습니다. 여기서 지정된 경로와 파일 이름으로 계속 덮어쓰기 됩니다. 저장 위치 또는 파일 이름을 변경하고 싶은 경우에는 [파일] 탭–[다른 이름으로 저장]을 선택합니다. [다른 이름으로 저장] 대화상자에서 위치 또는 이름을 다시 설정할 수 있습니다.

04 제목 표시줄의 이름이 바뀐 것을 확인합니다. [닫기(✕)]를 클릭하여 프로그램을 종료합니다.

06 저장된 파일 열기

01 파워포인트를 실행합니다. [PowerPoint 서식] 창이 나타나면 [다른 프레젠테이션 열기]를 클릭합니다.

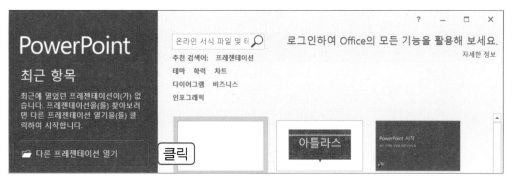

02 [열기] 창이 나타나면 [찾아보기]를 클릭합니다.

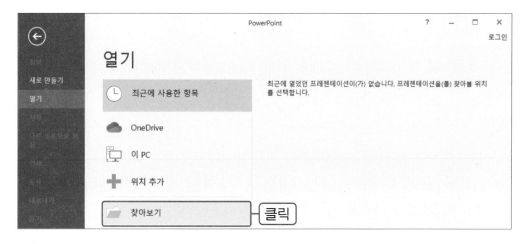

03 [열기] 대화상자가 나타나면 저장된 위치([문서]-[*사용자이름*] 폴더)를 지정하고 '프레젠테이션의 기술'을 선택한 후 [열기] 버튼을 클릭합니다.

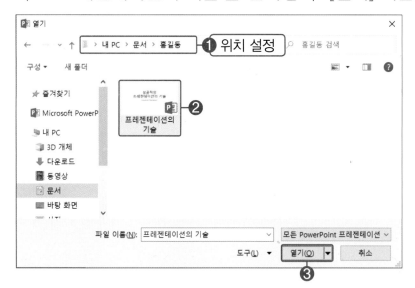

활용마당

◎ 예제파일 : 프레젠테이션의 기술.pptx

1 '프레젠테이션의 기술.pptx' 파일을 불러온 후 다음과 같은 위치에 '제목 및 내용' 슬라이드를 추가해 봅니다.

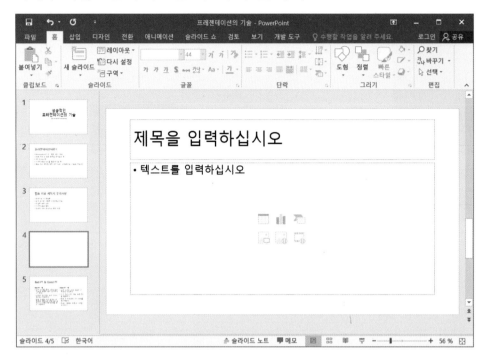

2 추가한 슬라이드에 다음과 같은 내용을 입력한 후 '프레젠테이션의 기술-2.pptx' 파일로 저장해 봅니다.

발표자 유의사항

- 웃는 표정을 짓는다.
- 시선은 청중과 마주한다.
- 복장은 단정하게 한다.
- 목소리는 힘 있고 명확하게 한다.
- 청중에게 등을 보이지 않는다.
- 손은 앞 또는 뒤로 맞잡지 않도록 한다.
- 불쾌한 감정을 노출하지 않는다.
- 발표 전 리허설을 충분히 한다.

03 슬라이드 꾸미기

 슬라이드 배경 꾸미기

모든 슬라이드 또는 일부 슬라이드의 배경을 색이나 그림, 질감, 패턴 등으로 채울 수 있습니다.

◎ 예제파일 : 단계별학습.pptx

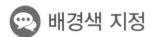 배경색 지정

【방법 1】: [배경] 그룹 이용하기

01 파워포인트를 실행한 후 '단계별학습.pptx' 파일을 불러옵니다. [디자인] 탭-[적용] 그룹에서 자세히(▾)를 클릭하고 [배경 스타일]-[스타일 7]을 선택합니다.

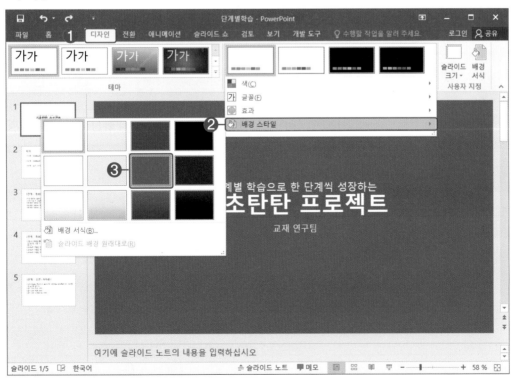

02 선택한 스타일이 전체 슬라이드 배경에 적용된 것을 확인합니다.

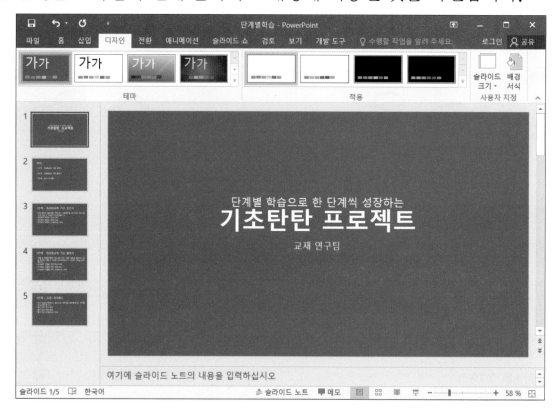

【방법 2】 : [배경 서식] 대화상자 이용하기

01 슬라이드에서 마우스 오른쪽 버튼을 클릭한 후 [배경 서식]을 선택합니다.

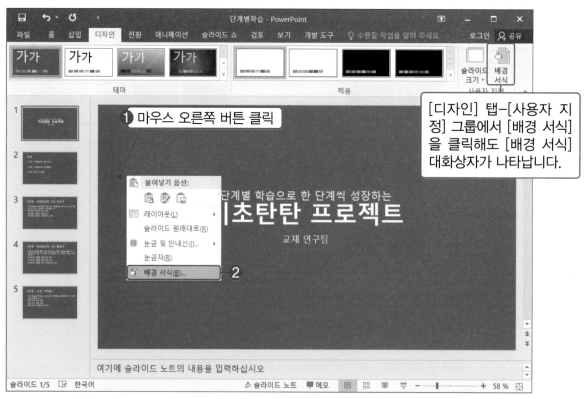

02 [배경 서식] 대화상자가 나타나면 [채우기]의 '단색 채우기'를 선택한 후 [색]을 '녹색, 강조 6'으로 설정하고 [닫기] 버튼을 클릭합니다. 현재 선택되어 있는 슬라이드의 배경만 바뀐 것을 확인합니다

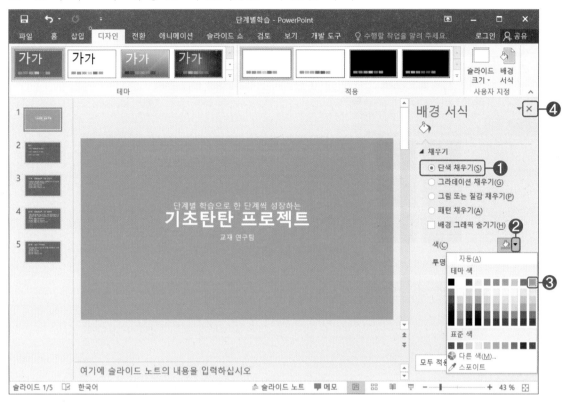

알아두기 [배경 서식] 대화상자에서 [모두 적용] 버튼을 클릭한 경우에는 모든 슬라이드에 선택한 배경 색이 지정됩니다.

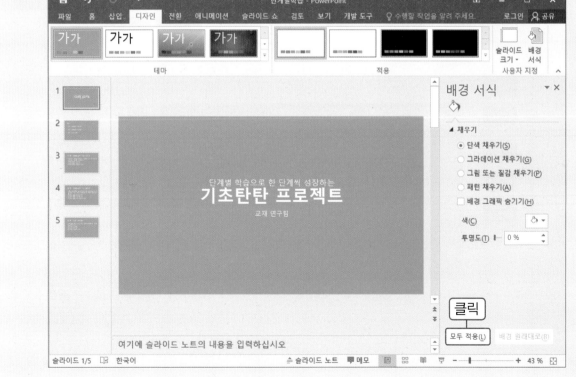

 슬라이드 배경 원래대로

[디자인] 탭–[적용] 그룹에서 [배경 스타일]–[슬라이드 배경 원래대로]를 선택합니다. 전체 슬라이드에 적용되었던 배경으로 변경된 것을 확인합니다.

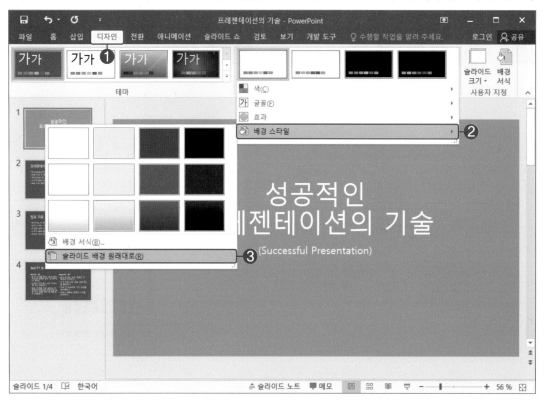

알아두기 [배경 서식] 대화상자에서 [배경 원래대로] 버튼을 클릭해도 됩니다.

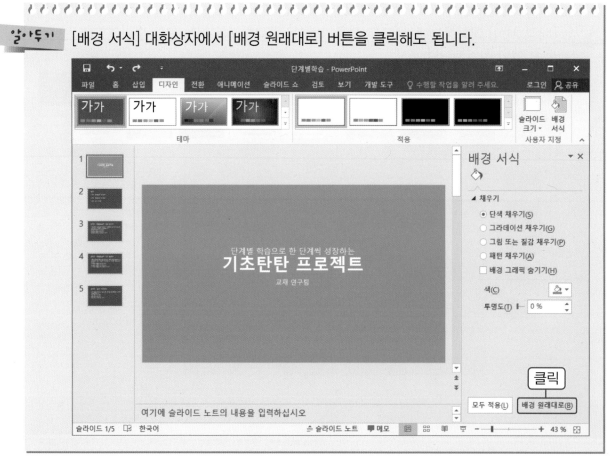

02 테마 활용하기

'테마'는 배경, 색, 글꼴, 효과 등이 지정된 레이아웃 집합을 말합니다. 한 번의 클릭으로 서식을 지정할 수 있어 간단하게 프레젠테이션을 작성할 수 있습니다.

💬 테마 갤러리

01 [디자인] 탭-[테마] 그룹에서 [자세히(▼)]를 클릭합니다.

02 갤러리가 나타나면 [패싯]을 선택합니다.

03 모든 슬라이드의 배경이 변경된 것을 확인합니다.

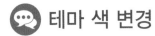 **테마 색 변경**

01 [디자인] 탭–[적용] 그룹에서 [자세히(▾)]를 클릭하고 [색]–[기류]를 선택합니다.

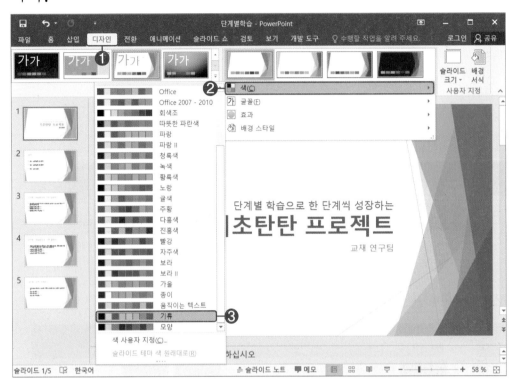

02 모든 슬라이드의 색상이 변경된 것을 확인합니다.

💬 테마 글꼴 변경

01 [디자인] 탭-[적용] 그룹에서 [자세히(▾)]를 클릭하고 [글꼴]-[Times New Roman-Arial]을 선택합니다.

02 모든 슬라이드의 글꼴이 변경된 것을 확인합니다.

알아두기 **테마 해제하기**
[디자인] 탭-[테마] 그룹에서 [Office 테마]를 클릭하면 기본 서식으로 되돌아 갑니다.

◎ 예제파일 : 감동파워포인트.pptx

1 '감동파워포인트.pptx' 파일을 불러와 '틀' 테마를 적용해 봅니다.

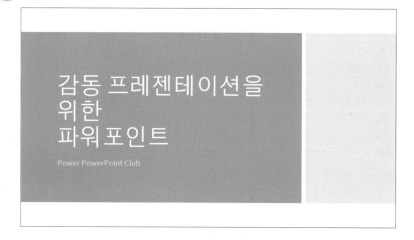

2 테마 색(귤색), 테마 글꼴(인증서)을 수정해 봅니다.

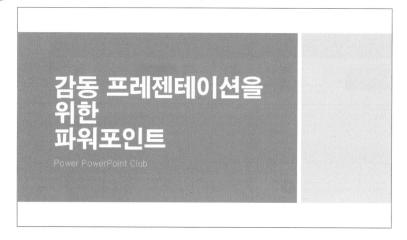

3 1번 슬라이드의 배경 서식을 진한 파랑으로 적용해 봅니다.

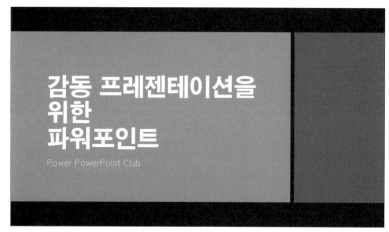

04 개체 삽입하기 1

01 워드아트 삽입하기

워드아트는 텍스트에 장식이나 강조 효과를 주어 특별하게 만들어 줍니다.

💬 워드아트 만들기

01 파워포인트를 실행합니다. 슬라이드의 제목 텍스트 상자와 부제목 텍스트 상자를 드래그한 후 Delete 키를 눌러 삭제합니다.

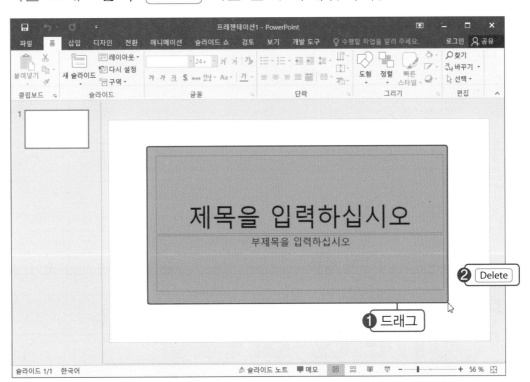

 개체(그림, 동영상, 워드아트, 스마트아트 등) 한 번에 선택하기
드래그하여 개체를 한 번에 선택할 수 있지만 Ctrl 키를 누른 채 개체를 클릭하거나 Shift 키를 누른채 개체를 클릭하여도 개체를 한 번에 선택할 수 있습니다.

02 [삽입] 탭–[텍스트] 그룹–[WordArt]를 클릭합니다. 스타일 갤러리에서 [채우기 – 주황, 강조 2, 윤곽선 – 강조 2]를 선택합니다.

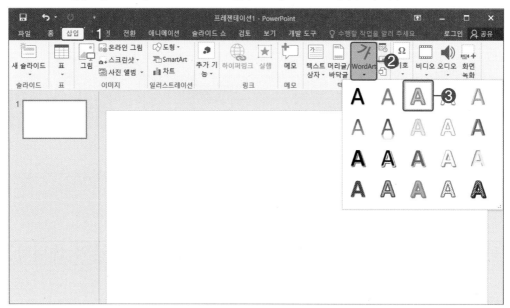

03 '필요한 내용을 적으십시오.'라고 입력되어 있는 워드아트가 삽입됩니다.

04 'Coffee & Bread'라고 입력합니다.

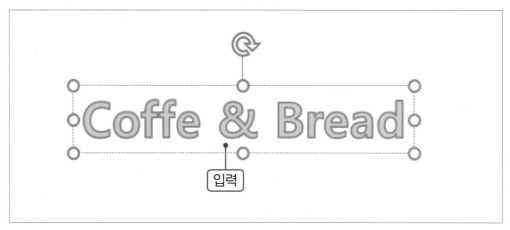

💬 일반 텍스트를 워드아트로 만들기

01 [삽입] 탭-[텍스트] 그룹-[가로 텍스트 상자(가▤)]를 선택합니다. 마우스 포인터의 모습이 ↓ 모양으로 나타나면 슬라이드 창을 클릭합니다.

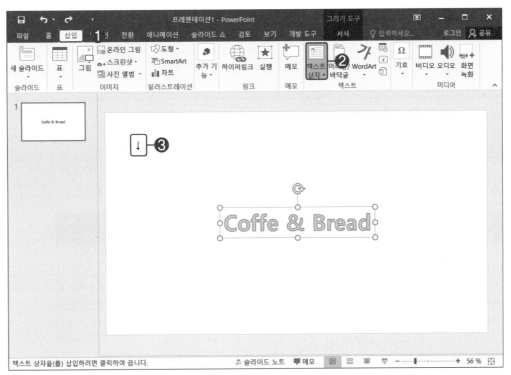

02 'Coffee & Bread'라고 입력한 후 가장자리를 클릭해 개체를 선택합니다. [그리기 도구]-[서식] 탭-[WordArt 스타일] 그룹-[빠른 스타일]을 클릭합니다. 나타난 스타일 갤러리에서 [그라데이션 채우기 – 파랑, 강조 1, 반사]를 선택합니다.

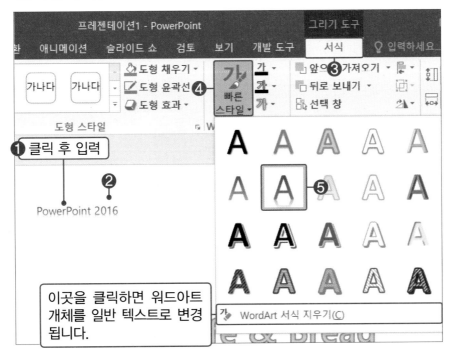

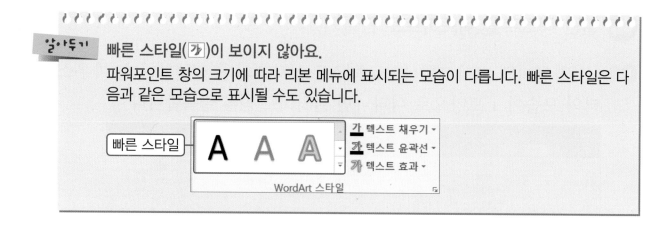
03 일반 텍스트 개체가 워드아트 개체로 바뀐 것을 확인합니다. [홈] 탭–[글꼴] 그룹에서 [글꼴 크기]는 '50', [글꼴]은 'Arial'로 설정합니다.

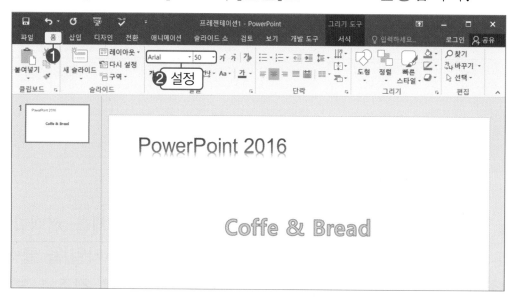

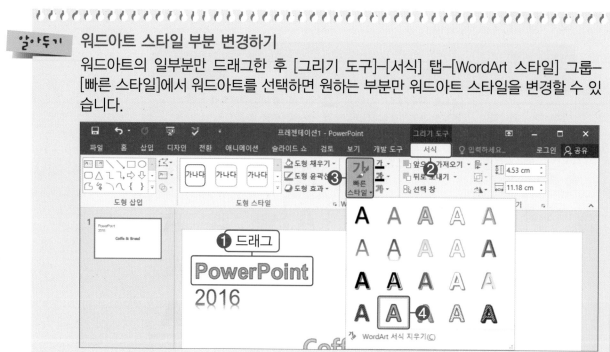

◎ 예제파일 : 단어학습.pptx, 커피.jpg

01 '단어학습.pptx' 파일을 불러온 후 [삽입] 탭–[이미지] 그룹–[그림]을 클릭합니다.

슬라이드 레이아웃 내의 내용 개체 틀에서 □를 클릭하여 삽입할 수도 있습니다.

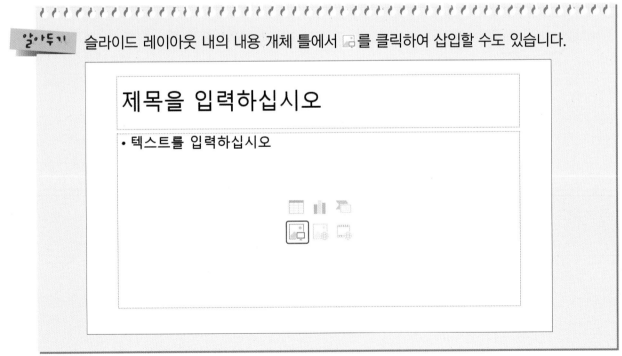

02 [그림 삽입] 대화상자가 나타나면 '커피.jpg' 파일을 선택한 후 [삽입] 버튼을 클릭합니다.

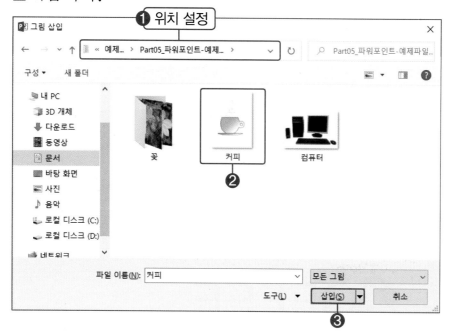

03 그림이 삽입되고 리본 메뉴에 [그림 도구]-[서식] 탭이 나타납니다.

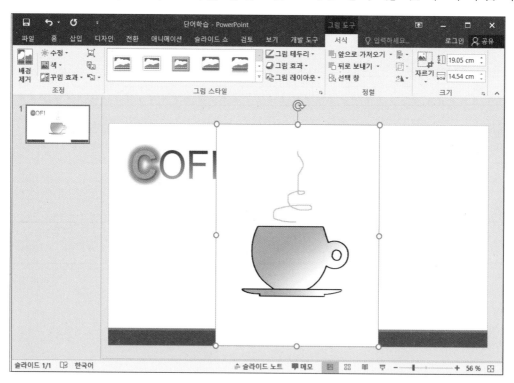

04 [그림 도구]–[서식] 탭–[크기] 그룹–[자르기]를 클릭합니다. 그림의 가장자리
에 자르기 조절점들이 나타나면 자르기 조절점을 드래그하여 불필요한 부분
을 제거합니다.

05 불필요한 부분이 회색 영역으로 표시됩니다. [그림 도구]–[서식] 탭–[크기]
그룹–[자르기]를 클릭해 자르기를 완료합니다.

06 회색 영역으로 표시된 부분이 더 이상 표시되지 않음을 확인합니다. 크기 조절점을 드래그하여 크기를 축소합니다.

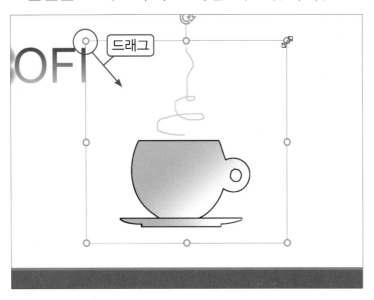

07 드래그하여 위치를 조정합니다.

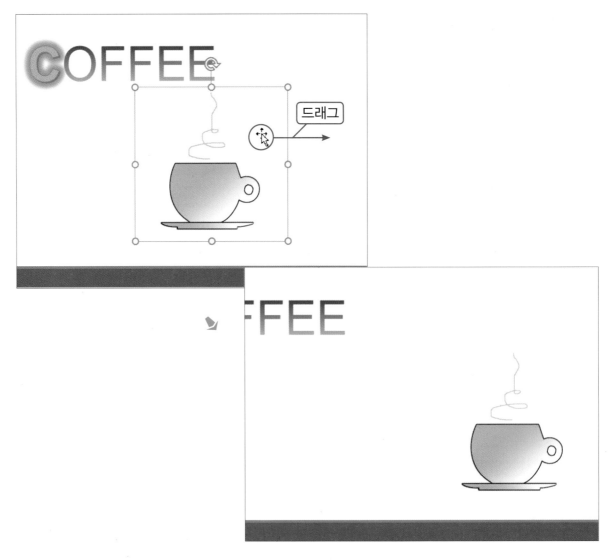

03 사진 앨범 활용하기

◎ 예제파일 : [꽃] 폴더

01 [삽입] 탭-[이미지] 그룹-[사진 앨범]을 클릭합니다. [사진 앨범] 대화상자가 나타나면 [파일/디스크] 버튼을 클릭합니다.

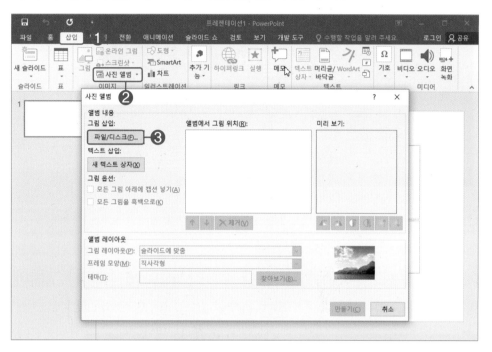

02 [새 그림 삽입] 대화상자가 나타나면 불러올 그림 파일을 찾아 모두 선택한 후 [삽입] 버튼을 클릭합니다. [사진 앨범] 대화상자에 선택한 파일 목록이 나타나는 것을 확인한 후 [만들기] 버튼을 클릭합니다.

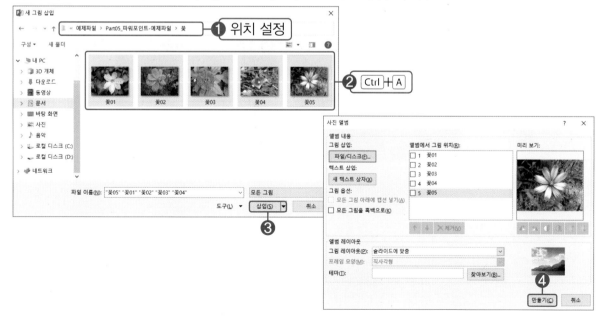

03 새 프레젠테이션에 선택한 그림들이 각 슬라이드의 크기에 맞춰 삽입됩니다.

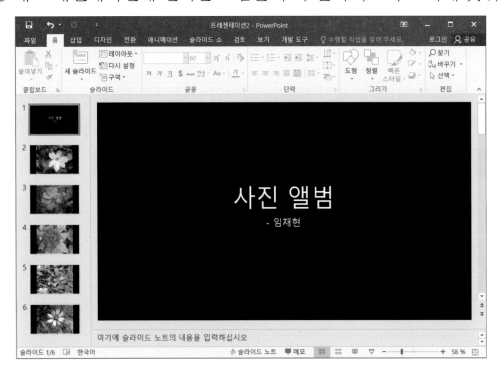

04 제목 슬라이드의 제목과 부제목을 수정한 후 [디자인] 탭-[테마] 그룹에서 테마를 선택해 적용합니다. '꽃 사진 앨범.pptx' 파일로 저장합니다.

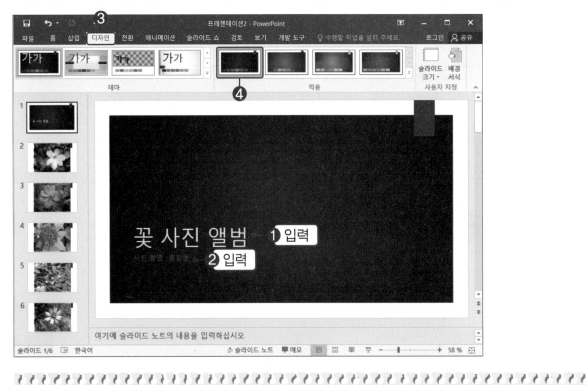

알아두기 [삽입] 탭-[이미지] 그룹-[사진 앨범]-[사진 앨범 편집]을 선택하면 현재 사진 앨범 파일에 새로운 그림 파일을 추가할 수 있습니다. '흑백'으로 변환하거나 슬라이드에 배치하는 그림의 수를 지정하거나 프레임의 모양 등을 변경할 수 있습니다.

활용마당

1 다음과 같은 2개의 워드아트로 작성된 슬라이드를 작성한 후 '표지. pptx' 파일로 저장해 봅니다.

2 '컴퓨터첫걸음.pptx' 파일을 불러온 후 2번 슬라이드에 '컴퓨터.bmp' 파일을 삽입해 봅니다.

◎ 예제파일 : 컴퓨터첫걸음.pptx, 컴퓨터.bmp

05 개체 삽입하기 2

01 도형 삽입하기

💬 도형 만들기

01 파워포인트를 실행한 후 제목 슬라이드를 다음과 같이 작성합니다.

스마트한 생활을 위한 ● ───── 글꼴 크기 : 36pt

컴퓨터 기초&활용 ● ───── 글꼴 크기 : 66pt

* 정보화 기본 활용서 * ● ───── 글꼴 크기 : 32pt

02 [삽입] 탭-[일러스트레이션] 그룹의 [도형]-[직사각형]을 선택합니다.

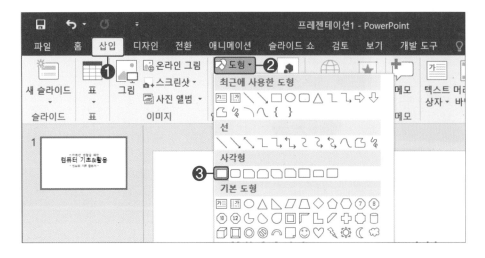

03 마우스 포인터의 모습이 + 모양으로 나타나면 그림과 같이 드래그하여 도형을 삽입합니다.

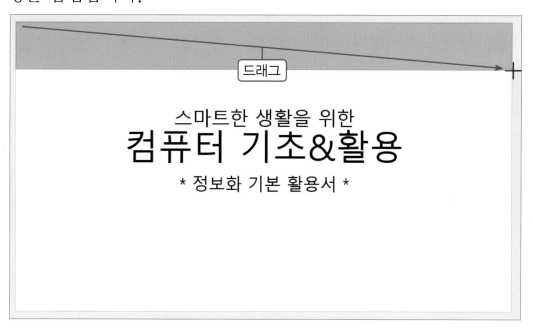

04 [그리기 도구]–[서식] 탭–[도형 스타일] 그룹에서 [자세히(▼)]를 클릭해 [보통 효과 – 녹색, 강조 6]을 선택합니다.

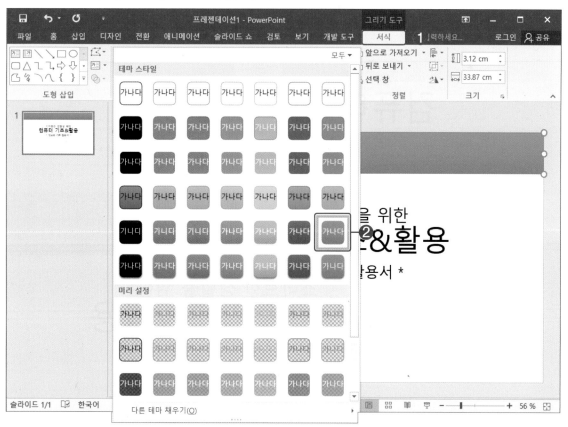

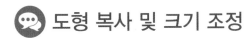 **도형 복사 및 크기 조정**

01 마우스 포인터를 도형으로 가져가 ⚐ 모양으로 나타나면 Ctrl + Shift 키를 누른 채 아래로 드래그합니다.

02 아래쪽에도 같은 모양, 같은 크기의 도형이 생긴 것을 확인합니다. 크기 조절점을 드래그하여 높이를 조절합니다. '컴퓨터기초.pptx'로 저장합니다.

스마트아트 만들기

01 새 프레젠테이션을 실행한 후 [홈] 탭–[슬라이드] 그룹–[레이아웃]–[제목 및
내용]을 선택합니다.

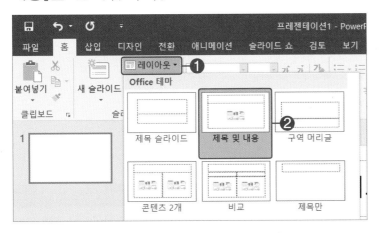

> **알아두기** **새 프레젠테이션 만들기**
> • 작업 중인 프레젠테이션을 닫지 않은 상태에서 새 프레젠테이션을 열어 작업할 경우
> 에는 [파일] 탭–[새로 만들기]를 클릭합니다. [사용 가능한 서식 파일 및 테마] 목록에
> 서 '새 프레젠테이션'을 선택한 후 [만들기] 버튼을 클릭합니다.
> • **바로 가기 키** : Ctrl + N

02 다음과 같이 제목(프레젠테이션 제작 과정)을 입력한 후 내용 텍스트 상자에
표시된 목록 중 [SmartArt 그래픽 삽입(🖼)]을 클릭합니다.

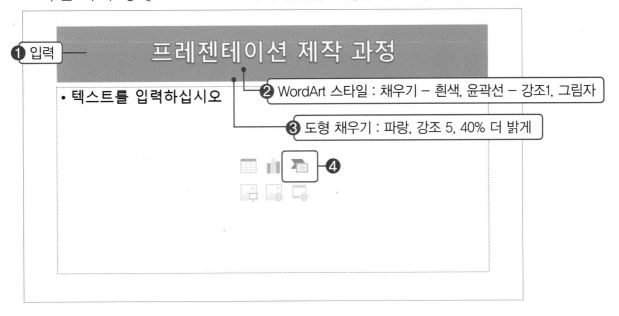

03 [SmartArt 그래픽 선택] 대화상자가 나타나면 [프로세스형]–[단계 하락 프로세스형]을 선택한 후 [확인] 버튼을 클릭합니다.

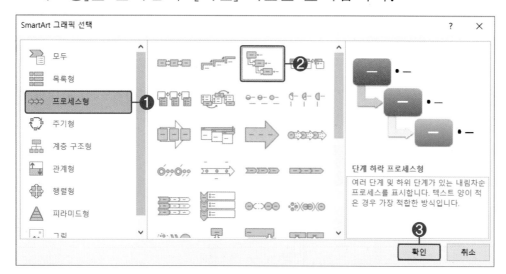

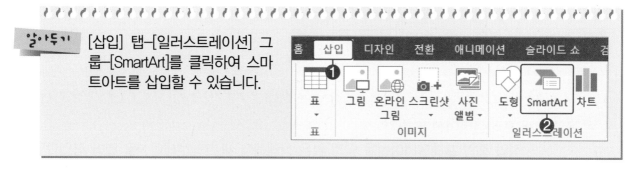

알아두기

[삽입] 탭–[일러스트레이션] 그룹–[SmartArt]를 클릭하여 스마트아트를 삽입할 수 있습니다.

04 선택한 레이아웃의 스마트아트가 슬라이드에 삽입된 것을 확인합니다.

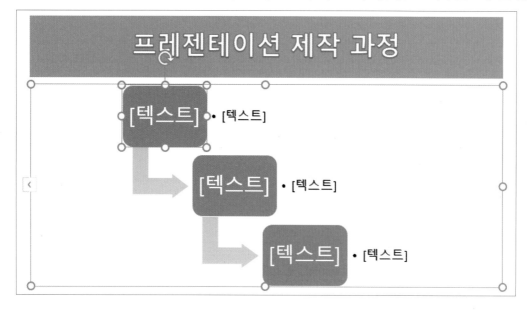

 **텍스트 창**

01 [SmartArt 도구]–[디자인] 탭–[그래픽 만들기] 그룹–[텍스트 창]을 클릭합니다. 텍스트 창이 나타나는 것을 확인합니다.

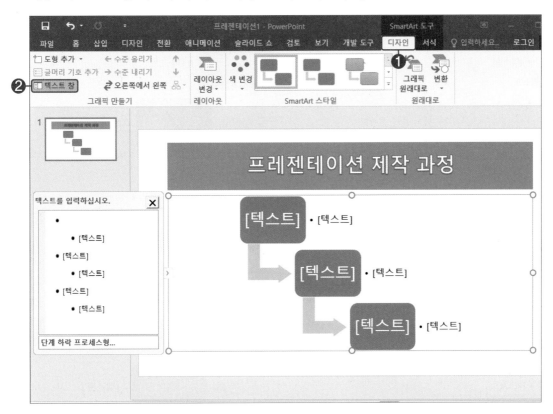

알아두기 스마트아트 개체 틀 왼쪽의 버튼을 클릭하여 텍스트 창을 표시할 수도 있습니다.

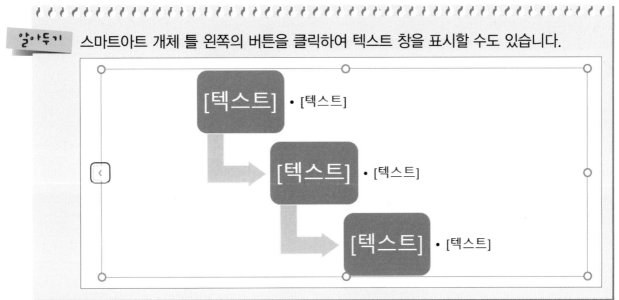

02 텍스트 창의 첫 번째 항목에 텍스트(분석)를 입력합니다. 방향키 ⬇를 눌러 아래 항목으로 커서를 이동합니다.

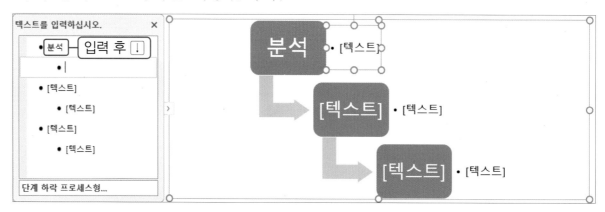

03 텍스트(청중)를 입력한 후 Enter 키를 눌러 같은 수준의 항목을 추가합니다.

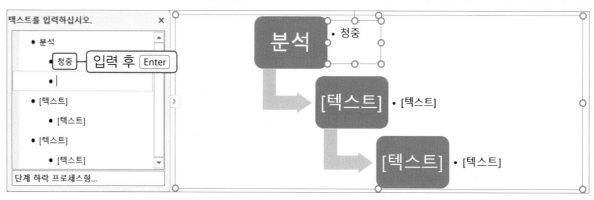

04 Enter 키와 방향키를 이용하여 항목을 추가하거나 입력합니다.

알아두기 **텍스트창 컨트롤하기**
- ⬆, ⬇ : 수준의 구분 없이 필요에 따라 커서를 이동합니다.
- Enter : 동일한 수준의 도형을 추가합니다.
- Shift + Enter : 현재 텍스트 창의 커서를 다음 줄로 이동합니다.

 수준 조정

01 '수정/보완'에서 Enter 키를 누른 후 '발표'를 입력하고 [SmartArt 도구]–[디자인] 탭–[그래픽 만들기] 그룹–[수준 올리기]를 클릭합니다.

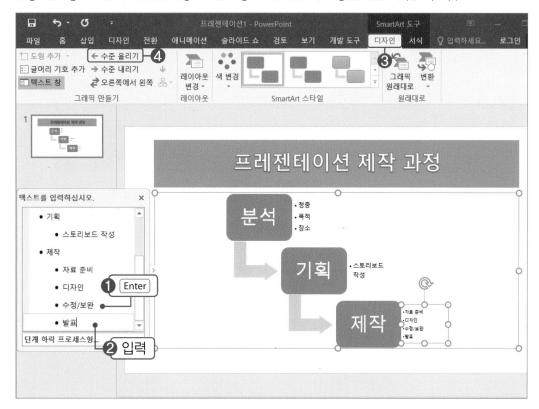

02 글머리 기호 항목이 도형 항목으로 수준이 올라가며 새롭게 추가된 것을 확인합니다.

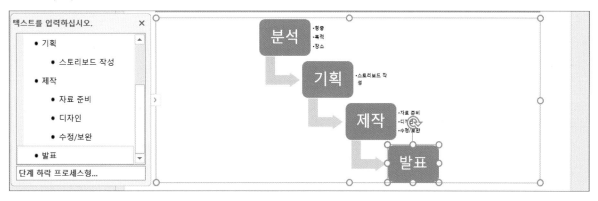

03 `Enter` 키를 눌러 같은 수준의 도형 항목이 새로 추가된 것을 확인한 후 '프레젠터'를 입력합니다. [SmartArt 도구]–[디자인] 탭–[그래픽 만들기] 그룹–[수준 내리기]를 클릭합니다.

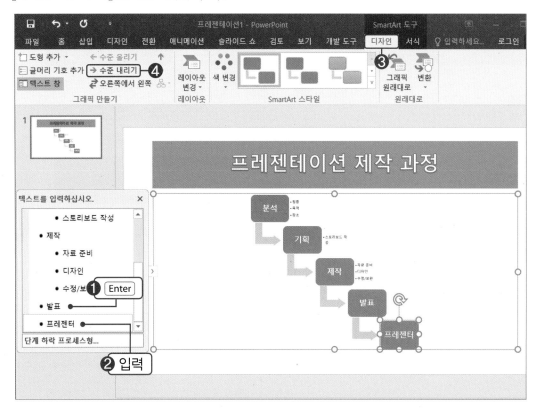

04 도형 항목이 글머리 기호 항목으로 수준이 내려가며 새롭게 추가된 것을 확인합니다. `Shift` + `Enter` 키를 눌러 줄 바꿈한 후 '(=발표자)'라고 입력합니다.

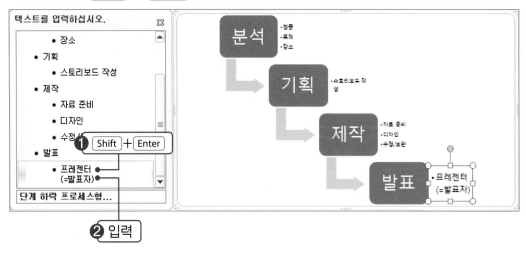

05 Enter 키를 눌러 나머지 글머리 기호 항목을 추가하여 텍스트를 입력합니다.

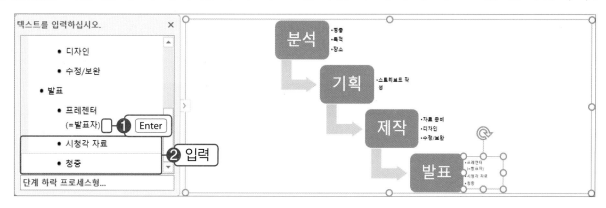

06 더 이상 텍스트 창이 필요 없으므로 작업에 방해가 되기에 [SmartArt 도구]-[디자인] 탭-[그래픽 만들기] 그룹-[텍스트 창]을 클릭합니다. 텍스트 창이 닫힌 것을 확인합니다.

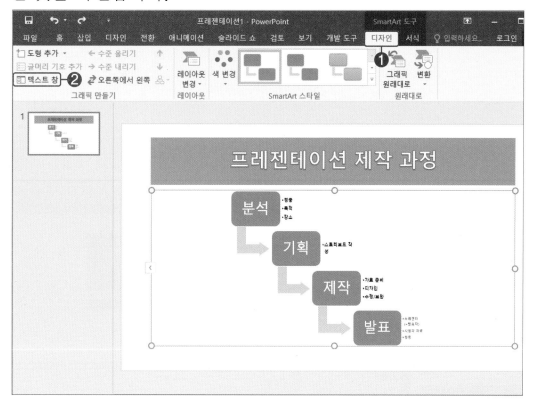

💬 스마트아트 레이아웃 변경

01 [SmartArt 도구]–[디자인] 탭–[레이아웃] 그룹에서 [레이아웃 변경]을 클릭한 후 [단계 상승 프로세스형]을 선택합니다.

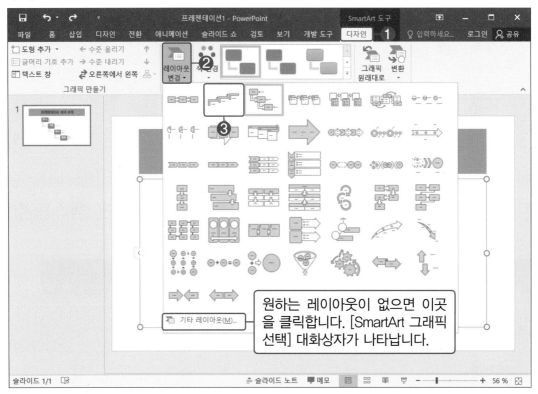

02 레이아웃이 바뀐 것을 확인합니다.

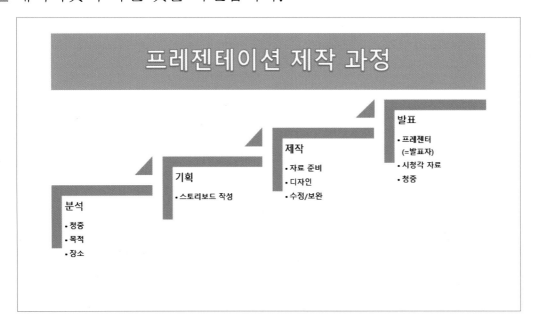

 스마트아트 색 변경

01 [SmartArt 도구]-[디자인] 탭-[SmartArt 스타일] 그룹에서 [색 변경]-[색상형-강조색]을 선택합니다.

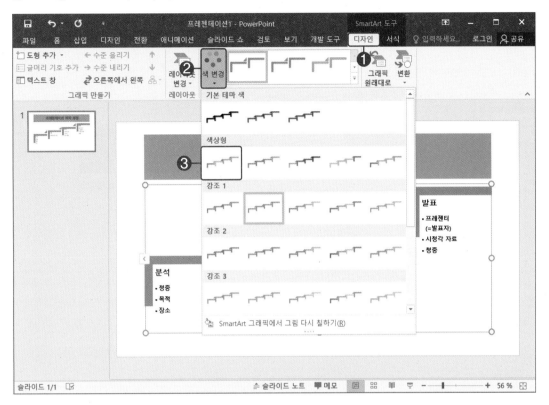

02 색상이 바뀐 것을 확인합니다.

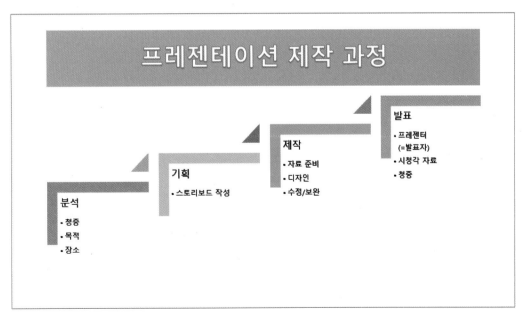

💬 스마트아트 스타일 변경

01 [SmartArt 도구]-[디자인] 탭-[SmartArt 스타일] 그룹에서 [자세히(▽)]를 클릭한 후 [미세 효과]를 선택합니다.

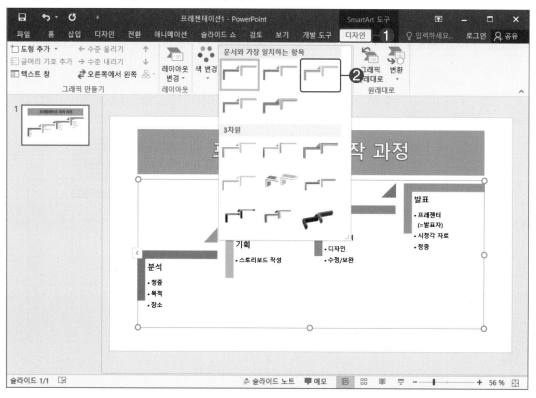

02 지정된 스타일로 변경된 것을 확인합니다. '프레젠테이션제작과정.pptx'로 저장합니다.

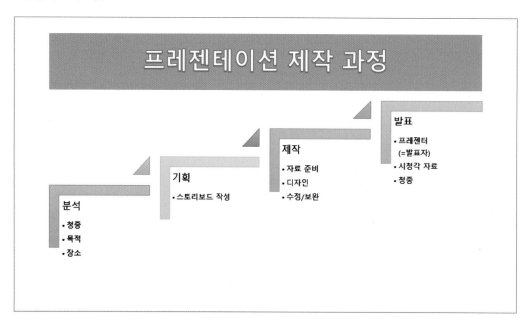

활용마당

1 〈조건〉에 맞는 스마트아트를 작성한 후 '상호관계.pptx' 파일로 저장해 봅니다.

〈조건〉
- SmartArt 레이아웃 : 평형 화살표형
- SmartArt 색 : 색상형 범위 – 강조색 5 또는 6
- SmartArt 스타일 : 조감도

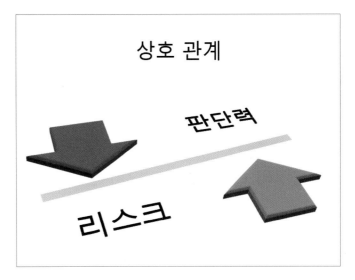

2 〈조건〉에 맞는 스마트아트를 작성한 후 '3단계과정.pptx' 파일로 저장해 봅니다.

〈조건〉
- SmartArt 레이아웃 : 상향 화살표형
- SmartArt 색 : 투명 그라데이션 범위 – 강조 4
- SmartArt 스타일 : 벽돌

06 슬라이드 쇼 준비하기

01 슬라이드 쇼 보기

◎ 예제파일 : 발표자료.pptx

💬 처음부터 슬라이드 쇼 보기

01 '발표자료.pptx' 파일을 불러온 후 왼쪽의 슬라이드 탭에서 슬라이드를 선택합니다. 여기서는 기능 확인을 위해 2번 슬라이드를 클릭합니다. [슬라이드 쇼] 탭-[슬라이드 쇼 시작] 그룹-[처음부터]를 클릭합니다.

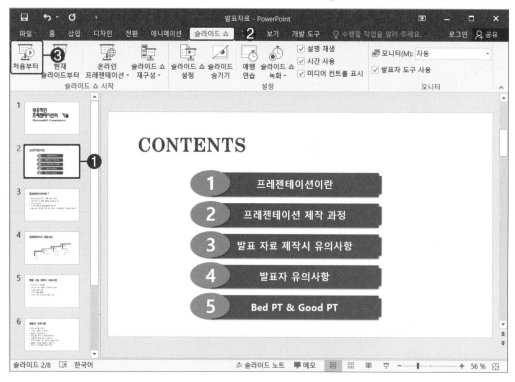

알아두기 **'처음부터' 바로 가기 키**

F5 키를 누르면 슬라이드 쇼 화면이 나타납니다. 현재 선택되어 있는 슬라이드와 상관없이 1번 슬라이드부터 표시됩니다.

02 선택한 슬라이드와 상관없이 1번 슬라이드가 나타난 것을 확인합니다. 클릭하거나 Enter 키를 눌러 다음 슬라이드 쇼를 확인합니다.

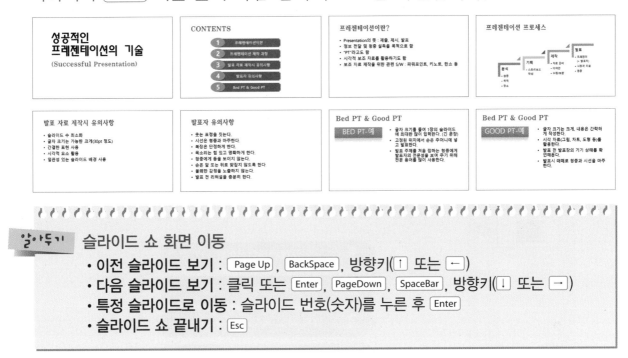

알아두기 **슬라이드 쇼 화면 이동**
- **이전 슬라이드 보기** : Page Up , BackSpace , 방향키(↑ 또는 ←)
- **다음 슬라이드 보기** : 클릭 또는 Enter , PageDown , SpaceBar , 방향키(↓ 또는 →)
- **특정 슬라이드로 이동** : 슬라이드 번호(숫자)를 누른 후 Enter
- **슬라이드 쇼 끝내기** : Esc

03 마지막 화면이 나타나면 클릭하거나 Esc 키를 눌러 슬라이드 쇼를 마칩니다.

💬 선택한 슬라이드부터 슬라이드 쇼 보기

01 슬라이드 탭에서 2번 슬라이드를 클릭한 후 [슬라이드 쇼] 탭-[슬라이드 쇼 시작] 그룹-[현재 슬라이드부터]를 클릭합니다.

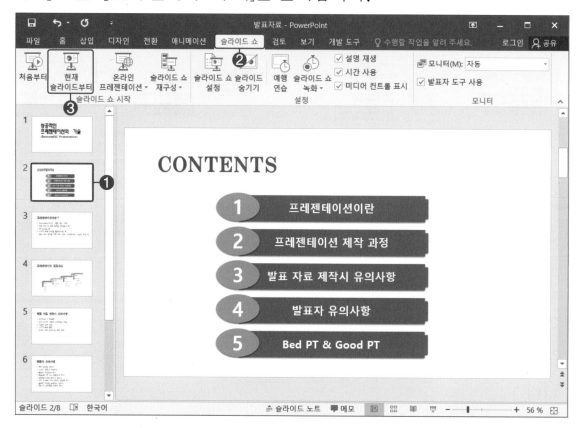

알아두기 선택한 슬라이드부터 슬라이드 쇼를 보는 다른 방법
화면 아래쪽 슬라이드 보기에서 [슬라이드 쇼(🖵)]를 클릭합니다.

02 현재 선택되어 있는 2번 슬라이드부터 표시됩니다.

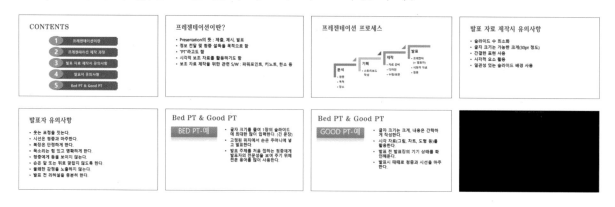

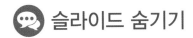 슬라이드 숨기기

01 슬라이드 탭에서 Ctrl 키를 누른 채 2번, 7번 슬라이드를 클릭한 후 [슬라이드 쇼] 탭-[설정] 그룹-[슬라이드 숨기기]를 클릭합니다. 슬라이드 번호에 사선 표시(⚮)가 나타나는 것을 확인합니다. [슬라이드 쇼 시작] 그룹에서 [처음부터]를 클릭합니다.

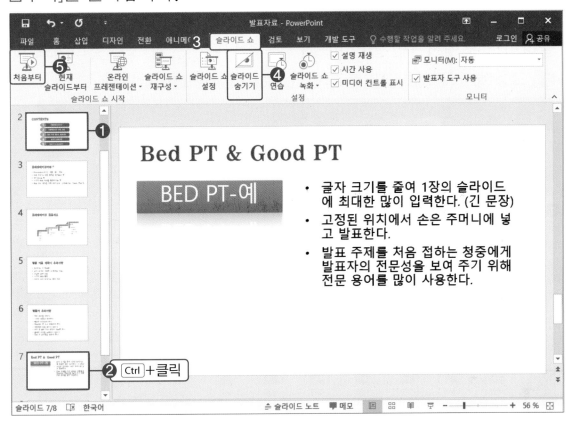

02 2번, 7번 슬라이드가 쇼에 나타나지 않는 것을 확인합니다.

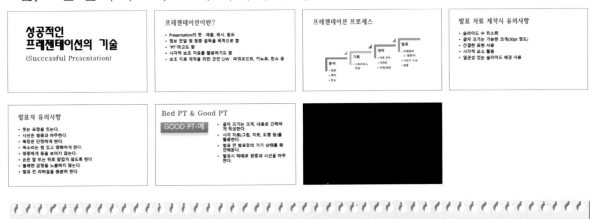

> *알아두기* **슬라이드 숨기기 해제하기**
> 숨기기가 적용된 슬라이드를 선택한 후 다시 [슬라이드 쇼] 탭-[설정] 그룹-[슬라이드 숨기기]를 클릭하면 해제됩니다.

'전환'은 슬라이드와 슬라이드 사이에 장면이 넘어갈 때(슬라이드가 열릴 때)의 동작 효과를 지정합니다.

💬 선택한 슬라이드에 화면 전환 효과 적용

01 슬라이드 탭에서 1번 슬라이드를 클릭합니다. [전환] 탭–[슬라이드 화면 전환] 그룹에서 [자세히(⬇)]를 클릭한 후 [전환]을 선택합니다.

02 왼쪽의 슬라이드 탭을 보면 선택한 슬라이드의 번호 아래에 ⭐ 표시가 나타난 것을 확인할 수 있습니다.

03 F5 키를 눌러 슬라이드 쇼 화면에서 확인합니다. 1번 슬라이드가 나타날 때 [전환] 효과가 나타나고 다음 슬라이드로 이동할 때는 적용되지 않음을 확인합니다.

💬 화면 전환 효과 해제

슬라이드 탭에서 1번 슬라이드를 클릭합니다. [전환] 탭–[슬라이드 화면 전환] 그룹에서 [없음]을 선택하면 적용한 전환 효과가 해제됩니다. 왼쪽의 슬라이드 탭을 보면 ★ 표시가 사라진 것을 확인할 수 있습니다.

💬 모든 슬라이드에 화면 전환 효과 적용

[전환] 탭–[슬라이드 화면 전환] 그룹에서 [이동]을 선택하고 [타이밍] 그룹에서 [모두 적용]을 클릭합니다. 왼쪽의 슬라이드 탭을 보면 모든 슬라이드의 번호 아래에 ★ 표시가 나타난 것을 확인할 수 있습니다.

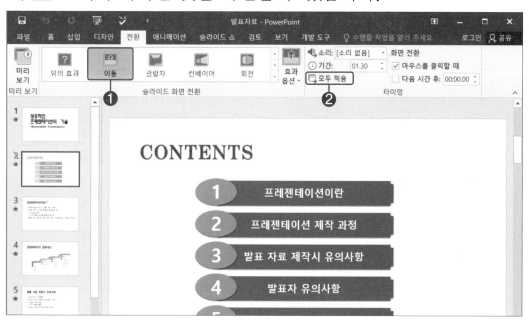

🗨 선택 슬라이드의 화면 전환 효과 변경

01 슬라이드 탭에서 1번 슬라이드를 클릭합니다. [전환] 탭–[슬라이드 화면 전환] 그룹에서 [파장]을 선택합니다. 아래쪽의 [슬라이드 쇼(🖵)]를 클릭합니다.

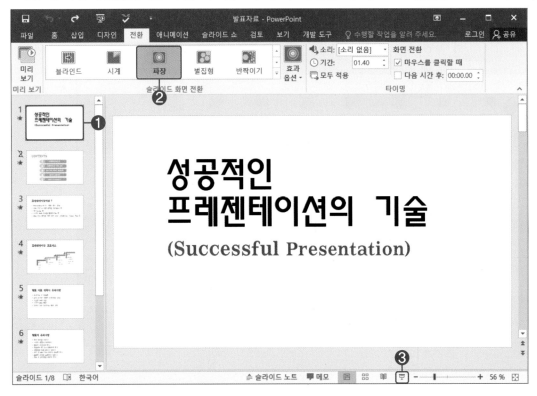

02 선택한 슬라이드의 화면 전환 효과만 변경되어 있는 것을 확인할 수 있습니다.

03 애니메이션 효과 지정하기

'애니메이션'은 슬라이드를 구성하는 개체에 대한 움직임 등의 효과를 지정합니다. 너무 많은 애니메이션 기능은 집중을 방해하여 주제를 흐릴 수 있는 요인이 되므로 적용 시 선별하여 지정하도록 합니다.

01 4번 슬라이드의 스마트아트 개체를 클릭합니다. [애니메이션] 탭-[애니메이션] 그룹에서 [자세히(▼)]를 클릭한 후 나타나는 애니메이션 스타일 목록 중 [바운드]를 선택합니다. 아래쪽의 [슬라이드 쇼(豆)]를 클릭합니다.

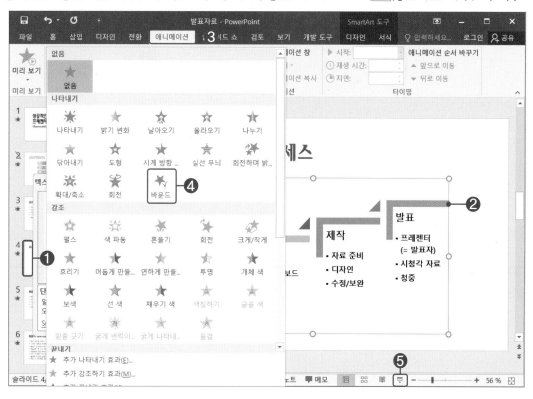

02 클릭하면 애니메이션 효과가 나타납니다.

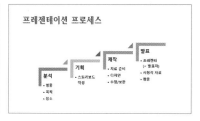

03 [애니메이션] 탭-[애니메이션] 그룹에서 [효과 옵션]-[개별적으로]를 선택합니다. [슬라이드 쇼(⬚)]를 클릭해 슬라이드 쇼 화면에서 확인합니다.

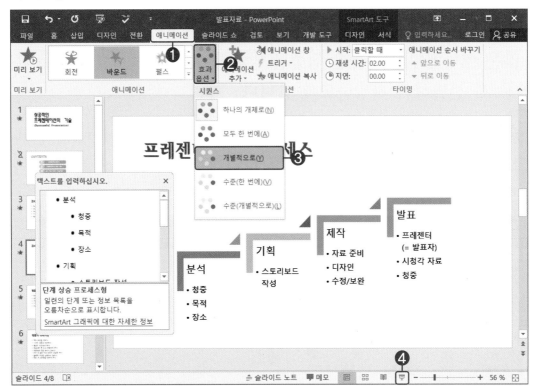

04 클릭하면 스마트아트 도형들이 차례대로 나타납니다.

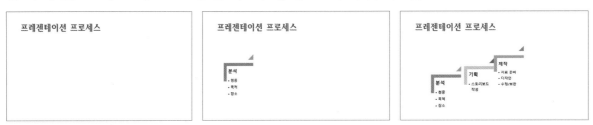

05 [애니메이션] 탭-[고급 애니메이션] 그룹-[애니메이션 창]을 클릭합니다. 오른쪽에 애니메이션 창이 나타나면 ⮟를 클릭합니다.

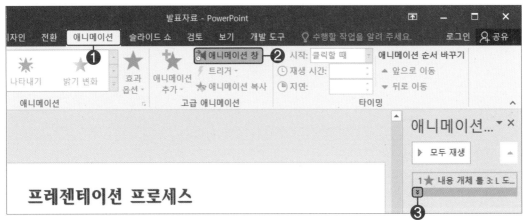

06 세부 항목이 표시되면 Ctrl 키를 누른 채 번호가 표시된 항목을 모두 선택합니다.

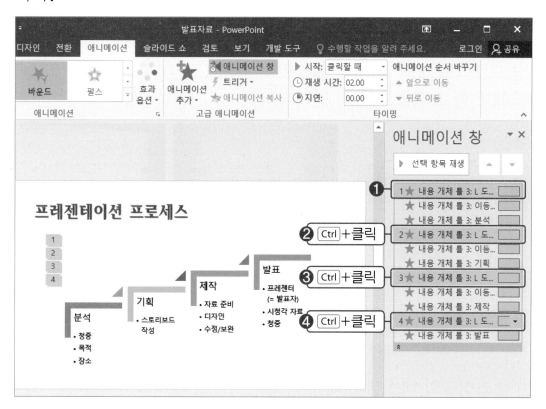

07 [애니메이션] 탭-[타이밍] 그룹에서 [시작]을 [이전 효과 다음에]로 선택합니다. 아래쪽의 [슬라이드 쇼(_□)]를 클릭해 슬라이드 쇼 화면에서 확인합니다. 클릭하지 않아도 순차적으로 애니메이션이 나오는 것을 확인합니다.

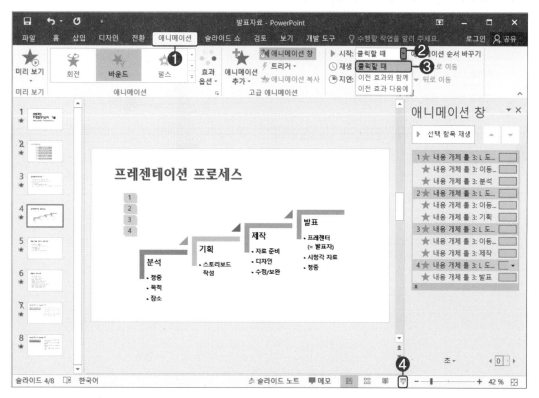

활용마당

◎ 예제파일 : 나눔프로젝트.pptx

1 '나눔프로젝트.pptx' 파일을 불러와 다음의 〈조건〉과 같이 각각의 슬라이드에 전환 효과를 적용해 봅니다.

〈조건〉
- 1번 슬라이드 : 나누기
- 2, 3번 슬라이드 : 넘기기

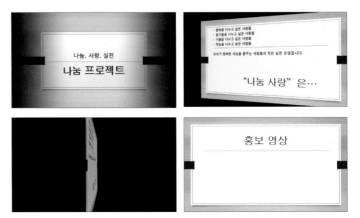

2 2번 슬라이드의 텍스트 개체에 각각 〈조건〉의 애니메이션을 적용해 봅니다.

〈조건〉
① • 애니메이션 스타일 : 물결
   • 시작 : 이전 효과 다음에

② • 애니메이션 스타일 : 올라오기
   • 효과 옵션 : 떠오르며 올라오기, 단락별로
   • 시작 : 이전 효과 다음에
   • ① 다음에 실행

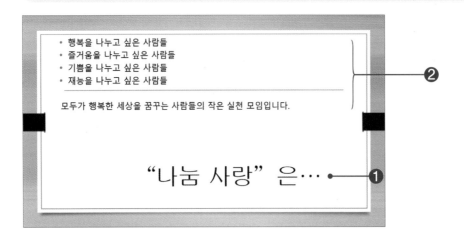

뚝딱뚝딱 배우는 버전2 컴퓨터 왕기초

초 판 4 쇄 발 행	2024년 05월 22일
초 판 발 행	2022년 04월 25일
발 행 인	박영일
책 임 편 집	이해욱
저 자	IT 교재 연구팀
편 집 진 행	정민아
표 지 디 자 인	김도연
편 집 디 자 인	김지현
발 행 처	시대인
공 급 처	(주)시대고시기획
출 판 등 록	제 10–1521호
주 소	서울시 마포구 큰우물로 75 [도화동 538 성지 B/D] 6F
전 화	1600–3600
홈 페 이 지	www.sdedu.co.kr

I S B N	979-11-383-2102-0(13000)
정 가	14,000원

시대인은 종합교육그룹 (주)시대고시기획 · 시대교육의 단행본 브랜드입니다.